CANTÁBRICO

Santander
Laredo
CANTABRIA
Bilbao
San Sebastián
FRANCIA
PAÍS VASCO
Vitoria
Pamplona
Pirineos
ANDORRA
Burgos
Logroño
NAVARRA
Jaca
Aneto (3408)
ANDORRA LA VELLA
LA RIOJA
Palencia
Huesca
CATALUÑA
Gerona
LEÓN
Soria
Aranda de Duero
Zaragoza
Lérida
Costa Brava
...ina del Campo
Ebro
ARAGÓN
Tarragona
Barcelona
Segovia
Sistema Ibérico
Costa Dorada
Ávila
MADRID
Guadalajara
Alcalá de Henares
Cabo de Tortosa
MADRID
Teruel
la Reina
Aranjuez
Castellón de la Plana
Mallorca
Menorca
Toledo
Cuenca
Turia
Valencia
Palma
Manacor
Alcazar de San Juan
CASTILLA-LA MANCHA
Júcar
VALENCIA
Ibiza
ISLAS BALEARES
Albacete
Cabo de San Antonio
Ibiza
Ciudad Real
Valdepenas
Formentera
Alicante
...vir
Elche
Costa Blanca
MAR MEDITERRÁNEO
...ba
Jaén
Béticos
MURCIA
Murcia
...DALUCÍA
Sistemas
Cartagena
Granada
Mulhacén (3482)
Almería
...era
Sierra Nevada
Cabo de Gata
ARGELIA
...del Sol

Melilla

...OS

Escuchar, Repetir, y ¡Ya!

Mayu Kusumi

Editorial Dogakusha

表紙：ありよしきなこ

まえがき

　本書は、タイトル『Escuchar（聴いて），Repetir（繰り返して），y ¡Ya!（できちゃった！）』に表されている通り、ひたすらリスニングと音読の練習をすることによって、文法を含む基本的なスペイン語を身に付けることを目的に作られています。最初に流れる日本語で意味を理解した後でスペイン語が流れます。聞き流すのではなく、必ず繰り返し声に出す練習をすることで、身体でスペイン語を覚え、頭だけの理解ではない実際に使えるスペイン語を習得できるようにします。

　大学の授業で使用する初級レベル用に作ってはありますが、初めてスペイン語を勉強する入門者はもちろん、初級文法をひととおり終えた学生が復習や練習に使うのにも適しています。

　実践に結びつけることを重要視しているので、初級文法のうち特に重要と思われる現在形と過去形だけに焦点を当てました。文法解説に関しては、教室で各先生がご自分の方法で解説できるように最小限に留めてある、という点に加えて、文法中心の頭でっかちな学習法への挑戦という意味合いもあります。

　なお、気分転換として、時に早口言葉なども入れてありますので、学生の皆さんは、楽しく滑舌の練習をしてスペイン語の音に馴染んでください。

　最後に、このようなやや冒険的な教科書を作らせてくださった同学社の近藤社長、構成など様々な点でアドバイスをくださった編集の石坂さん、そしてスペイン語の校正を引き受けてくれたラマドリドさんに、心よりお礼を申し上げます。

　2019 年　秋

著　者

目　　次

Vocabulario −語彙集−

1. 数詞

CD 1-02
▶
DL 002 1）基数詞

0 cero	1 uno	2 dos	3 tres	4 cuatro	5 cinco
6 seis	7 siete	8 ocho	9 nueve	10 diez	11 once
12 doce	13 trece	14 catorce	15 quince		

16 dieciséis	17 diecisiete	18 dieciocho	19 diecinueve
20 veinte	21 veintiuno	22 veintidós	23 veintitrés
24 veinticuatro	25 veinticinco	26 veintiséis	27 veintisiete
28 veintiocho	29 veintinueve	30 treinta	31 treinta y uno
40 cuarenta	50 cincuenta	60 sesenta	70 setenta
80 ochenta	90 noventa	100 cien	101 ciento uno
200 doscientos	300 trescientos	400 cuatrocientos	500 quinientos
600 seiscientos	700 setecientos	800 ochocientos	900 novecientos

1.000 mil（千）　　　2.000 dos mil（2千）　　　10.000 diez mil（1万）

100.000 cien mil（10万）　　　1.000.000 un millón（100万）

2.000.000 dos millones（200万）　　　10.000.000 diez millones（1千万）

100.000.000 cien millones（1億）　　　1.000.000.000 mil millones（10億）

1.000.000.000.000 un billón（1兆）　＊英語の billion（10億）とは違います！

CD 1-03
▶
DL 003 2）序数詞

第1 primero, -ra (primer)	第6 sexto, -ta
第2 segundo, -da	第7 séptimo, -ma
第3 tercero, -ra (tercer)	第8 octavo, -va
第4 cuarto, -ta	第9 noveno, -na
第5 quinto, -ta	第10 décimo, -ma

CD 1-04
▶
DL 004 ## 2. 曜日

月曜日 lunes	火曜日 martes	水曜日 miércoles	木曜日 jueves
金曜日 viernes	土曜日 sábado	日曜日 domingo	

3. 暦月

1月	enero	2月	febrero	3月	marzo	4月	abril
5月	mayo	6月	junio	7月	julio	8月	agosto
9月	septiembre	10月	octubre	11月	noviembre	12月	diciembre

4. 季節

春 la primavera　　夏 el verano　　秋 el otoño　　冬 el invierno

5. 方位

東 este　　西 oeste　　南 sur　　北 norte

6. 色

黄 amarillo　青 azul　白 blanco　グレー gris　茶 marrón　紫 morado
黒 negro　ピンク rosa　薄紫 violeta　赤 rojo　緑 verde

7. 国名とその形容詞（言語、人）

日本（日本語、日本人男女）	Japón (japonés, japonesa)
スペイン（スペイン語、スペイン人男女）	España (español, española)
アルゼンチン（アルゼンチン人男女）	Argentina (argentino / a)
コロンビア（コロンビア人男女）	Colombia (colombiano / a)
エクアドル（エクアドル人男女）	Ecuador (ecuatoriano / a)
メキシコ（メキシコ人男女）	México (mexicano / a)
ペルー（ペルー人男女）	Perú (peruano / a)
アメリカ合衆国（アメリカ人男女）	Estados Unidos de América (estadounidense, americano / a)
イギリス（英語、イギリス人男女）	Inglaterra (inglés, inglesa)
イタリア（イタリア人男女）	Italia (italiano / a)
韓国（韓国語、韓国人男女）	Corea (coreano / a)
中国（中国語、中国人男女）	China (chino / a)
ドイツ（ドイツ語、ドイツ人男女）	Alemania (alemán, alemana)
フランス（フランス語、フランス人男女）	Francia (francés, francesa)
ロシア（ロシア語、ロシア人男女）	Rusia (ruso / a)

Lección preliminar -はじめに-

簡単なスペイン語を話してみましょう。英語は参考にしてください。

CD 1-10
▶
DL 010

日本語	スペイン語	英語
やあ！	¡Hola! <small>オラ</small>	Hi!
おはようございます。	Buenos días. <small>ブエノス ディアス</small>	Good morning.
こんにちは。	Buenas tardes. <small>ブエナス タルデス</small>	Good afternoon.
こんばんは。／おやすみなさい。	Buenas noches. <small>ブエナス ノチェス</small>	Good evening, Good night.
あなたの名前は何ですか？	¿Cómo se llama Ud.? <small>コモ セ ジャマ ウステ</small>	What's your name?
君の名前は？	¿Cómo te llamas? <small>コモ テ ジャマス</small>	What's your name?
僕の名前はフアンです。	Me llamo Juan. <small>メ ジャモ フアン</small>	My name is John.
あなたは？／君は？	¿Y usted? / ¿Y tú? <small>イ ウステ イ トゥ</small>	And you?
調子はどうですか？	¿Cómo está Ud.? <small>コモ エスタ ウステ</small>	How are you?
調子はどう？	¿Cómo estás? <small>コモ エスタス</small>	How are you?
とても良いです。	Muy bien. <small>ムイ ビエン</small>	Pretty good.
すみません。	¡Perdón! <small>ペルドン</small>	Excuse me.
ねえ（見て）。	¡Mira! <small>ミラ</small>	Look!
質問です。	¡Una pregunta! <small>ウナ プレグンタ</small>	A question!
聞いてください。／聞いて。	¡Oiga! / ¡Oye! <small>オイガ オジェ</small>	Listen!
ありがとう。	Gracias. <small>グラシアス</small>	Thank you.
どういたしまして。	De nada. <small>デ ナダ</small>	You're welcome.
ごめんなさい。	Lo siento. <small>ロ シエント</small>	I'm sorry.
もう一度お願いします。	Otra vez, por favor. <small>オートラ ベス ポール ファボル</small>	One more time, please.
繰り返してください。／繰り返して！	¡Repita! / ¡Repite! <small>レピタ レピテ</small>	Again!
はい。／いいえ。	Sí. / No.	Yes. / No.

CD 1-11
DL 011

1. アルファベット　El alfabeto

A	ア	B	ベ	C	セ	D	デ	E	エ	F	エフェ
G	ヘ	H	アチェ	I	イ	J	ホタ	K	カ	L	エレ
M	エメ	N	エネ	Ñ	エニェ	O	オ	P	ペ	Q	ク
R	エレ	S	エセ	T	テ	U	ウ	V	ウベ	W	ウベドブレ
X	エキス	Y	ジェ	Z	セタ						

2. 文字と読み方

スペイン語の音に慣れましょう。音声を聞いて、繰り返し発音しましょう。

CD 1-12
DL 012

1）母音

A	I	U	E	O
愛	アイディア	あなた（敬称）	エネルギー	波
amor	idea	usted	energía	ola

CD 1-13
DL 013

2）子音

B	(b)	銀行	banco	聖書	biblia
C	(k)(a, u, o)	家	casa	絵 cuadro　食事 comida　授業 clase	
	(s, θ)(i, e)	映画館	cine	中心部	centro
CH	(tʃ)	少年	chico	チュロス	churro
D	(d)	日曜日	domingo	都市	ciudad
F	(f)	名声	fama	幸せ	feliz
G	(g)(a, u, o)	願望	gana	美しい guapo　ツバメ golondrina	
	(ui, ue)	ガイド	guía	戦争	guerra
	(üi, üe)	言語学	lingüística	バイリンガル	bilingüe
G	(x)(i, e)	ヒマワリ	girasol	人々	gente
H	（無音）	部屋	habitación	ホテル	hotel
J	(x)	日本	Japón	木曜日	jueves
K	(k)（外来語のみ）	カラオケ	karaoke	空手	karate
L	(l)	レモン	limón	運河 canal　髪の毛 pelo	
LL	(y, ʒ)	炎	llama	通り	calle

9

M	(m)	木材	madera	山	monte
N	(n)	名前	nombre	数字	número
Ñ	(ñ)	スペイン	España	スペイン語	español
P	(p)	お父さん	papá	ジャガイモ（中南米）	papa
Q	(k)	静けさ	quietud	チーズ	queso
R	(r)	顔	cara	しかし	pero
R	(r̃)	ラジオ	radio	速い	rápido
RR	(r̃)	雄犬	perro	車	carro
S	(s)	土曜日	sábado	太陽	sol
T	(t)	君	tú	トマト	tomate
V	(b)	雌牛	vaca	金曜日	viernes
W	(w)（外来語のみ）	ウェブ	web	ウィスキー	whisky
X	(x)	メキシコ	México	テキサス	Texas
	(ks)	試験	examen	タクシー	taxi
Y	(j, i)	私	yo	今日	hoy
Z	(s, θ)	人参	zanahoria	地域	zona

3. アクセント記号の規則

　最初に単語のどこにアクセントがあるかを覚えておく必要があります。その位置がアクセントの規則に一致するか否かで記号の有無が決まるからです。規則によるアクセントの位置は、語尾の文字で判断します。

1. 語尾が n, s, 母音の場合。España → 最後から2番目の音節（母音）→ pa
2. 語尾が n, s 以外の子音の場合。español → 最後の音節（母音）→ ñol
3. 上の規則に当てはまらない箇所にアクセントがある場合は、記号をつけます。Japón

OJO　その他、同音異義語を見分けるためのアクセント記号や、文法上必要とされるアクセント記号もあります。

Ejercicios　間違い探しです。このままの表記で発音してから、正しい表記に直しましょう。

例：libró → リブロ → libro

1. telefono　　2. Japon　　3. cómida　　4. hótel　　5. féliz
6. numero　　7. estacion　　8. vacá　　9. sabado　　10. limon

Lección 1　名詞と名詞に伴って変化する語
（冠詞、形容詞、指示詞、所有詞）

Los estudiantes alegres　陽気な学生

1．名詞の性別

　人や動物に限らず、全ての名詞に性別が決められています。音声を聞いて、繰り返し発音しましょう。

CD 1-14
DL 014
1）特徴的な男性名詞と女性名詞

男性名詞	語尾が　-o	男子 muchacho　本 libro　雄牛 toro　ノート cuaderno　ワイン vino
	語尾が　-ema, -ama	問題 problema　番組 programa
女性名詞	語尾が　-a	女子 muchacha　机、テーブル mesa　雌牛 vaca　ペン、羽 pluma　ビール cerveza　夫人、Mrs. Ms. señora
	語尾が　-dad, -ión	大学 universidad　都市 ciudad　駅、季節 estación　テレビ televisión

CD 1-15
DL 015
2）語尾で判断できない名詞

| 男性名詞 | 男性、人 hombre　父 padre　日 day día　地図 mapa　鉛筆 lápiz　試験 examen　コーヒー café　電車 tren　国 país　氏、Mr. señor |
| 女性名詞 | 女性 mujer　母 madre　通り calle　花 flor　写真 foto　手 mano |

CD 1-16
DL 016
3）男女同形：冠詞で区別します。

| 学生 estudiante　若者 joven　ピアニスト pianista　スポーツ選手 deportista　ジャーナリスト periodista　観光客 turista　警察官 policía　ガイド guía |

2．複数形の作り方

　語尾が母音か子音かで異なります。アクセント記号は規則に従い、追加や削除が必要になりますので、注意しましょう。なお、z の後に e が続く場合は、z は c に変化します。

CD 1-17
DL 017

語尾が母音＋s	男性たち hombres　母親たち madres　学生たち estudiantes
語尾が子音＋es	女性たち mujeres　国々 países　都市 ciudades
アクセント記号に注意	駅・季節 estaciones　テレビ televisiones　若者たち jóvenes　試験 exámenes　鉛筆 lápices

11

冠詞、形容詞、指示詞、所有詞は、名詞に合わせて性別と単複が語尾変化します。

3．冠詞

冠詞は、名詞の性と数（単・複）に合わせます。音声を聞いて、繰り返し発音しましょう。

CD 1-18

DL 018 1）定冠詞 （その、the）

el（男性単数）	la（女性単数）	los（男性複数）	las（女性複数）
その　　　男性 el　hombre	その　　女性 la　mujer	それらの　男性たち los　hombres	それらの　女性たち las　mujeres

CD 1-19
DL 019 2）不定冠詞（ひとつの、いくつかの、a, some）

un (-o-)（男性単数）	una（女性単数）	unos（男性複数）	unas（女性複数）
ある　　　日 un　día	一輪の　　花 una　flor	いくつかの　　　　問題 unos　problemas	数名の　　　　女子学生 unas　estudiantes

＊男性単数名詞直前の o が脱落することに注意。

4．形容詞

形容詞は、修飾する名詞の性と数に合わせます。

形容詞の位置は、原則的に名詞の後ろですが、mucho など数量を示す形容詞や挨拶などの決まり文句では前置します。また、前後両方に置ける形容詞や、前後で意味の変わる形容詞もあります。少しずつ覚えていきましょう。

主な形容詞の一覧です。音声を聞いて、繰り返し発音しましょう。

CD 1-20
DL 020

語尾が o の 形容詞 ＊名詞の性と数 に合わせます。	高い／低い alto / bajo	古い antiguo	感じの良い／悪い simpático / antipático		退屈な aburrido
	安い barato	きれいな bonito	良い bueno	疲れた cansado	高価な caro
	満足した contento	短い corto	ほっそりした delgado	病気の enfermo	ばかな estúpido
	醜い feo	太い gordo	美しい hermoso	かっこいい（美人） guapo	
	長い largo	狂った loco	悪い malo	褐色の moreno	多くの mucho
	新しい nuevo	忙しい ocupado	小さい pequeño	少しの poco	風邪を引いた resfriado

	裕福な／美味しい	金髪の	真面目な	間抜けな	年老いた
	rico	rubio	serio	tonto	viejo
語尾が o 以外 の形容詞 ＊名詞の数に 合わせます。	陽気な alegre	親切な amable	臆病な cobarde	難しい difícil	簡単な fácil
	大きい grande	若い joven	優秀な inteligente	興味深い interesante	貧しい pobre
	淋しい triste				

Ejercicios 1 音声を聞いて、スペイン語を繰り返し発音しましょう。

1. 背の高い学生
   el estudiante alto

2. 優しい女性
   la mujer amable

3. 大きな人たち
   los hombres grandes

4. 偉大な人
   el gran hombre

5. 難しい問題
   el problema difícil

6. 赤いペン
   la pluma roja

7. 簡単な試験
   los exámenes fáciles

8. 美しい海
   el mar hermoso

9. 黄色い部屋
   la habitación amarilla

10. 美味しい食事
    la comida rica

11. 陽気なイタリア人たち
    los italianos alegres

12. 美しい雌猫たち
    las gatas bonitas

13. 古い建物
    el edificio antiguo

14. かっこいい先生
    el profesor guapo

15. 安い時計
    el reloj barato

16. 病気の少女
    la niña enferma

17. 可哀想な子供
    el pobre niño

18. 狂った夜
    la noche loca

19. 醜い怪物
    los monstruos feos

20. 退屈な小説
    la novela aburrida

5. 指示形容詞と指示代名詞

指し示す名詞の性と数に合わせます。(名詞を省略すると所有代名詞になります。)

CD 1-22
▶
DL 022 **Ejercicios 2** 音声を聞いて、スペイン語を繰り返し発音しましょう。

この これらの	この　本 este libro	これらの　本 estos libros	この　雑誌 esta revista	これらの　雑誌 estas revistas
その それらの	その　本 ese libro	それらの　本 esos libros	その　雑誌 esa revista	それらの　雑誌 esas revistas
あの あれらの	あの　本 aquel libro	あれらの　本 aquellos libros	あの　雑誌 aquella revista	あれらの　雑誌 aquellas revistas

＊対象物が不明の場合は中性形（これ esto, それ eso, あれ aquello）

Ejercicios 3　1.（　）に適切な「この」を入れて読みましょう。
　　　　　　　　2.（　）に適切な「その」を入れて読みましょう。
　　　　　　　　3.（　）に適切な「あの」を入れて読みましょう。

1)（　）hombre　　2)（　）muchachas　　3)（　）mujer　　4)（　）cuadernos

5)（　）ciudad　　6)（　）calles　　7)（　）países　　8)（　）canción

9)（　）lápices　　10)（　）toro

6. 所有詞

所有者ではなく、名詞の性や数に合わせます。

1) 前置形

CD 1-23
▶
DL 023 **Ejercicios 4** 音声を聞いて、スペイン語を繰り返し発音しましょう。

私の　本 mi libro	私の　雑誌 mi revista	私の　本(複) mis libros	私の　雑誌(複) mis revistas
君の　本 tu libro	君の　雑誌 tu revista	君の　本(複) tus libros	君の　雑誌(複) tus revistas
彼(女)の　本 su libro	彼(女)の　雑誌 su revista	彼(女)の　本(複) sus libros	彼(女)の　雑誌(複) sus revistas
私たちの　本 nuestro libro	私たちの　雑誌 nuestra revista	私たちの　本(複) nuestros libros	私たちの　雑誌(複) nuestras revistas
君たちの　本 vuestro libro	君たちの　雑誌 vuestra revista	君たちの　本(複) vuestros libros	君たちの　雑誌(複) vuestras revistas
彼(女)らの　本 su libro	彼(女)らの　雑誌 su revista	彼(女)らの　本(複) sus libros	彼(女)らの　雑誌(複) sus revistas

CD 1-24
DL 024

Ejercicios 5 （　）に様々な所有形を適切な形で入れて発音しましょう。

1.（　）universidad　　2.（　）examen　　3.（　）problemas　　4.（　）casas

5.（　）mapa　　6.（　）manos　　7.（　）jóvenes　　8.（　）madre

9.（　）guía　　10.（　）días

2）後置形

CD 1-24
DL 024

Ejercicios 6 音声を聞いて、スペイン語を繰り返し発音しましょう。

私の本 el libro mío	君の本 el libro tuyo	彼(女)の本 el libro suyo	私たちの本 el libro nuestro	君たちの本 el libro vuestro	彼(女)の本 el libro suyo
私の雑誌 la revista mía	君の雑誌 la revista tuya	彼(女)の雑誌 la revista suya	私たちの雑誌 la revista nuestra	君たちの雑誌 la revista vuestra	彼(女)の雑誌 la revista suya
私の本(複) los libros míos	君の本(複) los libros tuyos	彼(女)の本(複) los libros suyos	私たちの本(複) los libros nuestros	君たちの本(複) los libros vuestros	彼(女)らの本(複) los libros suyos
私の雑誌(複) las revistas mías	君の雑誌(複) las revistas tuyas	彼(女)の雑誌(複) las revistas suyas	私たちの雑誌(複) las revistas nuestras	君たちの雑誌(複) las revistas vuestras	彼(女)らの雑誌(複) las revistas suyas

Ejercicios 7 Ejercicios 4 を後置形にかえて読みましょう。

CD 1-25
DL 025

7. 主格人称代名詞（主語）

	単数	複数
1人称	私（語り手）yo	私たち　nosotros, nosotras
2人称	君（聞き手）tú	君たち　vosotros, vosotras
3人称	彼 él　　彼女 ella あなた usted (Ud.Vd.), etc.	彼ら ellos　　彼女ら ellas あなた方 ustedes (Uds. Vds.), etc.

OJO　2 人称複数形 vosotros, vosotras は、スペインでのみ使う形です。

Lección 2　スペイン語の be 動詞　ser, estar, hay

Yo soy estudiante. 私は学生です。

　スペイン語は、ser, estar, hay の 3 つの be 動詞を、何を表現するかで使い分けます。

1. ser　性質を述べる時に使う be 動詞

soy	eres	es	somos	sois	son

1）職業：英語と違い、不定冠詞は要りません。

Ejercicios 1　音声を聞いて、スペイン語を繰り返し発音しましょう。

1. 私は学生です。　　　　　　　　　　　Yo soy estudiante.

2. 君は大工です。　　　　　　　　　　　Tú eres carpintero.

3. 彼は先生ではありません。　　　　　　Él no es profesor.

4. 私たちは画家です。　　　　　　　　　Nosotros somos pintores.

5. 君たちは弁護士です。　　　　　　　　Vosotras sois abogadas.

6. 彼らは医師です。　　　　　　　　　　Ellos son médicos.

OJO　否定文は、動詞の前に no を入れて作ります。

Ejercicios 2　想像力も使って、次の質問にスペイン語で答えましょう。

1. 君は学生ですか？　　　　　　　　　　¿Eres estudiante?

2. 君のお兄さんは歌手ですか？　　　　　¿Tu hermano es cantante?

3. カルメンは先生ですか？　　　　　　　¿Es Carmen profesora?

4. 君のお父さんの仕事は何ですか？　　　¿Cuál es el trabajo de tu papá?

5. あなた方はパン屋さんですか？　　　　¿Son Uds. panaderos?

Ejercicios 3　Ejercicios 2 の質問を参考にして、隣の人と会話しましょう。

2）出身：ser de ＋国、ser ＋国籍の形容詞

CD 1-29
▶
DL 029
Ejercicios 4　音声を聞いて、スペイン語を繰り返し発音しましょう。

1. 君はどこの出身ですか？　　　　　　　　¿De dónde eres?

2. 僕は日本の出身です。日本人です。　　　Soy de Japón. Soy japonés.

3. マリカルメンはどこの出身ですか？　　　¿De dónde es Maricarmen?

4. 彼女はスペインの出身です。スペイン人です。　Es de España. Es española.

5. あなた方はどこの出身ですか？　　　　　¿De dónde son Uds.?

6. メキシコ出身です。メキシコ人です。　　Somos de México. Somos mexicanos.

CD 1-30
▶
DL 030
Ejercicios 5　想像力も使って、次の質問にスペイン語で答えましょう。

1. 君はどこの出身ですか？　　　　　　　　¿De dónde eres?

2. パブロはどこの出身ですか？　　　　　　¿De dónde es Pablo?

3. あなたは日本人ですか？　　　　　　　　¿Es Ud. japonesa?

4. 君はコロンビア出身？　　　　　　　　　¿Eres de Colombia?

5. 少年たちはアルゼンチン人ですか？　　　¿Son esos chicos argentinos?

Ejercicios 6　Ejercicios 5 の質問を参考にして、隣の人と会話しましょう。

3）性質、性格、特徴

CD 1-31
▶
DL 031
Ejercicios 7　音声を聞いて、スペイン語を繰り返し発音しましょう。

1. 私の髪は黒くて、陽気な性格です。　　　Soy morena y alegre.

2. 君は金髪で背が高い。　　　　　　　　　Tú eres rubio y alto.

3. このテーブルは木製です。　　　　　　　Esta mesa es de madera.

4. この猫は小さくて可愛い。　　　　　　　Este gato es pequeño y bonito.

5. この授業は簡単で興味深い。　　　　　　Esta clase es fácil e interesante.

OJO　スペイン語では同じ音の連続を避けます。

…y inglés　→　…**e** inglés　（…と英語）

…o ocho　→　…**u** ocho　（…又は 8）

17

Ejercicios 8　想像力も使って、次の質問にスペイン語で答えましょう。

1. 日本人は金髪ですか？　　　　　　　　　¿Son los japoneses rubios?

2. これらの椅子の材質は何ですか？　　　　¿De qué son estas sillas?

3. 君のお祖父さんはどんな人ですか？　　　¿Cómo es tu abuelo?

4. 君は優秀ですか？　　　　　　　　　　　¿Eres inteligente?

5. 君の時計は高いですか？　　　　　　　　¿Es caro tu reloj?

Ejercicios 9　Ejercicios 8 の質問を参考にして、隣の人と会話しましょう。

2. estar　所在、状態を述べる時に使う be 動詞

estoy	estás	está	estamos	estáis	están

1）所在

Ejercicios 10　音声を聞いて、スペイン語を繰り返し発音しましょう。

1. 私はここにいます。　　　　　　　　　　Yo estoy aquí.

2. 君はそこにいます。　　　　　　　　　　Tú estás ahí.

3. 彼はあそこにいます。　　　　　　　　　Él está allí.

4. 私たちは自宅にいます。　　　　　　　　Nosotros estamos en casa.

5. 君たちは大学にいます。　　　　　　　　Vosotros estáis en la universidad.

6. 彼らはここから近くにいます。　　　　　Ellos están cerca de aquí.

Ejercicios 11　想像力も使って、次の質問にスペイン語で答えましょう。

1. 大学はどこにありますか？　　　　　　　¿Dónde está la universidad?

2. 君は今、家の近くにいますか？　　　　　¿Estás cerca de casa ahora?

3. 君の家はどこにありますか？　　　　　　¿Dónde está tu casa?

4. スーパーマーケットは遠いですか？　　　¿Está el supermercado lejos?

5. 子供たちはどこにいますか？　　　　　　¿Dónde están los niños?

Ejercicios 12　Ejercicios 2 の質問を参考にして、隣の人と会話しましょう。

2）状態、体調

CD 1-36
DL 036 **Ejercicios 13** 音声を聞いて、スペイン語を繰り返し発音しましょう。

1. 調子はどうだい？ ¿Cómo estás?

2. とても調子が良くて嬉しいです。 Estoy muy bien y alegre.

3. 君は怒っているよね？ Estás enojada, ¿no?

4. ホアキンは病気です。 Joaquín está enfermo.

5. 私たちは満足しています。 Estamos contentos.

6. 君たちは淋しいの？ ¿Estáis tristes?

7. 私の犬たちは疲れています。 Mis perros están cansados.

CD 1-37
DL 037 **Ejercicios 14** 想像力も使って、次の質問にスペイン語で答えましょう。

1. 今日の調子はどうだい？ ¿Cómo estás hoy?

2. ミゲルは退屈しているのですか？ ¿Está Miguel aburrido?

3. あなた方は風邪をひいていますか？ ¿Están Uds. resfriados?

4. 君の部屋は清潔ですか？ ¿Está limpia tu habitación?

5. 旅の準備はできていますか？ ¿Estamos listos para el viaje?

Ejercicios 15 Ejercicios13, 14 の質問を参考にして、隣の人と会話しましょう。

CD 1-38
DL 038   ~estar を用いた天候の表現~

今日の天気はどうですか？ ¿Cómo está el clima hoy?

曇りです。 Está nublado.

雨が多いです。 Está lluvioso.

涼しいです。 Está fresco.

湿気があります。 Está húmedo.

快晴です。 Está despejado.

3. hay 存在（不特定の者がいる、物がある）を表す表現

CD 1-39
DL 039

Ejercicios 16　音声を聞いて、スペイン語を繰り返し発音しましょう。

1. ここに大学が1つある。　　　　　　　　　Hay una universidad aquí.

2. 公園に犬が5頭いる。　　　　　　　　　　Hay cinco perros en el parque.

3. この地域にいくつか銀行がある。　　　　　Hay unos bancos en esta zona.

4. この都市にはたくさんの病院がある。　　　Hay muchos hospitales en esta ciudad.

5. ここら辺にトイレはありますか？　　　　　¿Hay servicios por aquí?

CD 1-40
DL 040

Ejercicios 17　Ejercicios 16 の hay を使った文章と比較しながら音声を聞いて、スペイン語を繰り返し発音しましょう。

1. その大学はここにある。　　　　　　　　　La universidad está aquí.

2. 私の犬が公園にいる。　　　　　　　　　　Mis perros están en el parque.

3. それらの銀行はこの地域にある。　　　　　Esos bancos están en esta zona.

4. それらの病院はこの都市にある。　　　　　Esos hospitales están en esta ciudad.

5. （その）トイレはここら辺にあるのですか？　¿Está por aquí el servicio?

CD 1-41
DL 041

Ejercicios 18　想像力も使って、次の質問にスペイン語で答えましょう。

1. 君の家の近くにスーパーマーケットはありますか？　¿Hay un supermercado cerca de tu casa?

2. そのホテルはどこにありますか？　　　　　¿Dónde está el hotel?

3. この箱にはクッキーがたくさん入っていますか？　¿Hay muchas galletas en esta caja?

4. この大学の学長が今そこにいるのですか？　¿Está allí ahora el presidente de esta universidad?

5. ここにお金持ちはいますか？　　　　　　　¿Hay personas ricas aquí?

Ejercicios 19　Ejercicios18 の質問を参考にして、隣の人と会話しましょう。

Lección 3　基本動詞１　-ar で終わる動詞

Hablo español. 私はスペイン語を話します。

動詞の原形（活用前の形）は -r で終わります。

基本動詞とは語尾を変化するだけで活用できる動詞で、3 種類の語尾 -ar, -er, -ir があります。最も数が多いのは -ar 動詞です。

CD 1-42
DL 042

1.　-ar 動詞

hablar（話す）

hablo	hablas	habla	hablamos	habláis	hablan

CD 1-43
DL 043

Ejercicios 1　hablar を使って練習です。音声を聞いて、スペイン語を繰り返し発音しましょう。

1. 私は日本語を話します。　　　　　　　Yo hablo japonés.

2. 君はスペイン語を話すね。　　　　　　Tú hablas español.

3. 彼はフランス語を話します。　　　　　Él habla francés.

4. 私たちは英語を話します。　　　　　　Nosotros hablamos inglés.

5. 君たちはドイツ語を話すんだね。　　　Vosotros habláis alemán.

6. 彼女たちは何語を話しますか？　　　　¿Qué idioma hablan ellas?

CD 1-44
DL 044

Ejercicios 2　様々な -ar 動詞を使って練習です。音声を聞いて、スペイン語を繰り返し発音しましょう。

1. 私は毎日スペイン語を勉強する。　　　Estudio español todos los días.

2. 私は祖父母と一緒にテレビを見る。　　Miro la televisión con mis abuelos.

3. 君はいつもコーヒーを飲む。　　　　　Siempre tomas café.

4. 君は大きな家を買う。　　　　　　　　Compras la casa grande.

5. カルロスは午後の３時に到着する。　　Carlos llega a las tres de la tarde.

6. あなたはたくさんお金を稼ぐ。　　　　Usted gana mucho dinero.

7. 私たちは音楽の授業でたくさん歌う。 Cantamos mucho en la clase de música.

8. 私たちはこの壁を黄色に塗る。 Pintamos esta pared de amarillo.

9. エレナと君はエレガントに踊る。 Elena y tú bailáis elegantemente.

10. 君たちはパーティーにビールを持って行くよね？ Lleváis cervezas a la fiesta, ¿no?

11. その労働者たちは楽しんで働く。 Los obreros trabajan alegremente.

12. 君たちはこの部屋で何を探しているの？ ¿Qué buscáis en esta habitación?

Ejercicios 3 想像力も使って、次の質問にスペイン語で答えましょう。

1. 君は何語を話す？ ¿Qué lengua hablas?

2. ホセ・カレラスは上手に歌いますか？ ¿Canta bien José Carreras?

3. コーヒー、それとも紅茶を飲む？ ¿Tomas café o té?

4. ギターを弾く？ ¿Tocas la guitarra?

5. 今日は何を買いますか？ ¿Qué compras hoy?

6. これ君のお父さんが全部払ってくれるの？ ¿Paga todo esto tu papá?

7. 私がそんなに払うのですか？ ¿Pago tanto dinero?

8. 大学で何を勉強しているの？ ¿Qué estudias en la universidad?

9. 君たちはこの携帯電話を探しているの？ ¿Buscáis este celular?

10. ペドロは何時に到着しますか？ ¿A qué hora llega Pedro?

Ejercicios 4 Ejercicios 3 の質問を参考にして、隣の人と会話しましょう。

   ～**Trabalenguas** 早口言葉～

次の文を声に出して読んでみましょう。

Mi mamá me mima. Y yo mimo a mi mamá

ママは私を甘やかし、私はママが大好き。

2．文の種類（平叙文、疑問文、否定文）

君はスペイン語を話します。	Tú hablas español.
君はスペイン語を話しますか？	¿Tú hablas español? / ¿Hablas tú español?
はい、（私は）スペイン語を話します。	Sí, hablo español.
いいえ、（私は）スペイン語を話しません。	No, no hablo español.

3．疑問詞を用いた疑問文

何	どこ	いつ	誰	誰（複）	どのように
qué	dónde	cuándo	quién	quiénes	cómo
what	*where*	*when*	*who*	*who*	*how*
どれくらい（不可算）	いくつ（可算）	なぜ	どれ	どちら（複）	
cuánto, a	cuántos, as	por qué	cuál	cuáles	
how much / long	*how many*	*why*	*which*	*which*	

＊疑問詞の複数形は、答えが複数であると想定される場合のみ使います。

Ejercicios 5 音声を聞いて、スペイン語を繰り返し発音しましょう。

1. 何を勉強していますか？　¿Qué estudias?
   —（私は）スペイン語を勉強しています。　—Estudio español.

2. どこで勉強しますか？　¿Dónde estudias?
   —（私は）図書館で勉強します。　—Estudio en la biblioteca.

3. いつ勉強しますか？　¿Cuándo estudias?
   —（私は）放課後勉強します。　—Estudio después de las clases.

4. 誰が教えますか？　¿Quién enseña?
   —メンドーサ先生が教えます。　—Enseña el profesor Mendoza.

5. 誰（複数）が歌うのですか？　¿Quiénes cantan?
   —これらの学生たちが歌います。　—Cantan estos estudiantes.

6. （彼らの）歌はどうですか？　¿Cómo cantan?
   —とても上手に歌います。　—Cantan muy bien.

7. ここから駅までどのくらい（時間が）かかりますか？

　¿Cuánto tiempo tarda desde aquí a la estación?

　　―歩いて 10 分です。（私の場合）

　　　―Tardo diez minutos a pie.

8. 何冊の雑誌を買うの？

　¿Cuántas revistas compras?

　　―3 冊（雑誌を）買います。

　　　―Compro tres revistas.

9. あなた方はなぜ紅茶を飲んでいるの？

　¿Por qué toman Uds. té?

　　―私たちはコーヒーを飲まないからです。

　　　―Porque* no tomamos café.

　　　　　*¿Por qué? を使った質問の答え（なぜならば）は一語で porque です。

10. どの靴を探しているの？

　¿Cuáles zapatos buscas?

　　―私の赤い靴を探しているの。

　　　―Busco mis zapatos rojos.

Ejercicios 6 　Ejercicios1 の文章を参考に、-ar 動詞と疑問詞を用いて隣の人と会話しましょう。

4. 時刻の表現 1

　時間の表現は、la una（1 時）, las dos（2 時）のように、定冠詞女性形（la, las）＋数字で表します。文章で表現するには、ser（es, son）を使います。

CD 1-49
▶
DL 049
Ejercicios 7 　音声を聞いて、スペイン語を繰り返し発音しましょう。

1. （今）何時ですか？　　　　　　　¿Qué hora es (ahora)?

2. 1 時です。　　　　　　　　　　　Es la una.

3. 2 時 7 分です。　　　　　　　　　Son las dos y siete.

4. 3 時 15 分です。　　　　　　　　　Son las tres y cuarto.

5. 4 時半です。　　　　　　　　　　Son las cuatro y media.

6. 5 時 10 分前です。　　　　　　　　Son las cinco menos diez.

7. 6 時ちょうどです。　　　　　　　Son las seis en punto.

8. 午後（夜の）7 時です。　　　　　Son las siete de la tarde (noche).

9. 午前 8 時です。　　　　　　　　　Son las ocho de la mañana.

10. 正午です。　　　　　　　　　　　Es mediodía.

11. 深夜 12 時です。　　　　　　　　Es medianoche.

Ejercicios 8　次の質問に答える形で、世界の都市の今の時刻を言いましょう。

1. ¿Qué hora es ahora en tu país?

2. ¿Qué hora es ahora en Madrid?　　　　　　　　（−8 時間）

3. ¿Qué hora es ahora en Nueva York?　　　　　　（−13 時間）

4. ¿Qué hora es ahora en la Ciudad de México?　　（−15 時間）

5. ¿Qué hora es ahora en París?　　　　　　　　　（−8 時間）

6. ¿Qué hora es ahora en Buenos Aires?　　　　　　（−12 時間）

7. ¿Qué hora es ahora en Estambul?　　　　　　　　（−6 時間）

8. ¿Qué hora es ahora en la Ciudad del Cabo?　　　（−7 時間）

9. ¿Qué hora es ahora en Pekín?　　　　　　　　　（−1 時間）

10. ¿Qué hora es ahora en Sídney?　　　　　　　　　（+2 時間）

Lección 4 　基本動詞 2 　-er と -ir で終わる動詞

Vivo cerca de la universidad. 大学の近くに住んでいます。

基本動詞の続きです。-er 動詞と -ir 動詞も語尾を変化させて活用します。

CD 1-50
DL 050
 1. -er 動詞

comer（食べる）

como	comes	come	comemos	coméis	comen

CD 1-51
DL 051
Ejercicios 1 　comer を使って練習です。音声を聞いて、スペイン語を繰り返し発音しましょう。

1. 私は肉を食べる。　　　　　　　　　　Yo como carne.

2. 君は魚を食べる。　　　　　　　　　　Tú comes pescado.

3. 彼は野菜を食べる。　　　　　　　　　Él come verduras.

4. 私たちはどこで食べようか？　　　　　¿Dónde comemos nosotros?

5. 君たちはチーズを食べる。　　　　　　Vosotros coméis queso.

6. 日本人は米を食べる。　　　　　　　　Los japoneses comen arroz.

CD 1-52
DL 052
Ejercicios 2 　様々な -er 動詞を使って練習です。音声を聞いて、スペイン語を繰り返し発音しましょう。

1. 私はここでスペイン語を学ぶ。　　　　Aprendo español aquí.

2. 君は英語で小説を読む。　　　　　　　Lees novelas en inglés.

3. ぺぺはよく窓ガラスを割る。　　　　　Pepe rompe los cristales de la ventana a menudo.

4. 私たちは今日ビールを飲む。　　　　　Bebemos cerveza hoy.

5. 少年たちは喫煙すべきでない。　　　　Los chicos no deben fumar.

6. 君たちは果物を売る。　　　　　　　　Vendéis frutas.

CD 1-53
DL 053

Ejercicios 3 　想像力も使って、次の質問にスペイン語で答えましょう。

1.　君は何語を学んでいるの？	¿Qué lenguas aprendes?
2.　私たちはフランス語も学ぶの？	¿Aprendemos francés también?
3.　君はワイン、それともビールを飲む？	¿Bebes vino o cerveza?
4.　その赤ちゃんたちはどこでミルクを飲むのですか？	¿Dónde beben la leche los bebés?
5.　君たちは何を勉強しないといけないの？	¿Qué debéis estudiar?
6.　私たちはキャッシュで払わないといけないのですか？	¿Debemos pagar en efectivo?
7.　君は毎日、新聞を読みますか？	¿Lees el periódico todos los días?
8.　君の両親は君の日記を読みますか？	¿Leen tus padres tu diario?
9.　カルメンはカーネーションを売りますか？	¿Vende Carmen los claveles?
10.　誰がこのアンケートに答えてくれますか？	¿Quién responde a esta encuesta?

Ejercicios 4 　Ejercicios 3 の質問を参考にして、隣の人と会話しましょう。

CD 1-54
DL 054

Cambio de humor

─**～Trabalenguas 早口言葉～**─

comer と comprar を使った早口言葉です。練習してみましょう。

Como poco coco como, poco coco compro.
私はココナッツを少し食べるので、ココナッツを少し買う。

Como compro poco coco, poco coco como.
ココナッツを少し買うので、ココナッツを少し食べる。

27

2. -ir 動詞

vivir（生きる、住む、生活する、*to live*）

viv**o**	viv**es**	viv**e**	viv**imos**	viv**ís**	viv**en**

Ejercicios 5　vivir を使って練習です。音声を聞いて、スペイン語を繰り返し発音しましょう。

1. 私はマドリッドに住んでいる。　　　　　　Yo vivo en Madrid.

2. 君はアカプルコに住んでいる。　　　　　　Tú vives en Acapulco.

3. 彼女はブエノスアイレスに住んでいる。　　Ella vive en Buenos Aires.

4. 私たちはクスコに住んでいる。　　　　　　Nosotros vivimos en Cusco.

5. 君たちはボゴタに住んでいる。　　　　　　Vosotros vivís en Bogotá.

6. 彼らはカラカスに住んでいる。　　　　　　Ellos viven en Caracas.

Ejercicios 6　様々な -ir 動詞を使って練習です。音声を聞いて、スペイン語を繰り返し発音しましょう。

1. 私はスペイン語で手紙を書く。　　　　　　Escribo cartas en español.

2. アナはいつも英語で書く。　　　　　　　　Ana siempre escribe en inglés.

3. 私たちは明日富士山に登る。　　　　　　　Mañana subimos al Monte Fuji.

4. その少年たちはスクールバスに乗る。　　　Esos chicos suben al autobús de la escuela.

5. 私の祖父は毎朝窓を開ける。　　　　　　　Mi abuelo abre la ventana todas las mañanas.

6. 君たちはもうすぐレストランを開店するよね？　Abrís un restaurante pronto, ¿no?

7. 先生はこの本を開く。　　　　　　　　　　La profesora abre este libro.

8. 私はたくさんのプレゼントを受け取る。　　Recibo muchos regalos.

9. 私の祖父母は家で介護を受ける。　　　　　Mis abuelos reciben asistencia en casa.

Ejercicios 7　想像力も使って、次の質問にスペイン語で答えましょう。

1. 君は誰に手紙を書きますか？　　　　　　　¿A quién escribes cartas?

2. あなたたちは日記を書きますか？　　　　　¿Escriben Uds. diarios?

3. 誰がピラミッドに登りますか？　　　　　　¿Quién sube a la pirámide?

4. 君は電車に乗るの、それともバス？	¿Subes al tren o al autobús?
5. 誰が家のドアを開けますか？	¿Quién abre la puerta de tu casa?
6. いつそのカフェは開きますか？	¿Cuándo abre la cafetería?
7. 君は時々郵便で小包を受け取るかい？	¿Recibes paquetes en correos a veces?
8. 子供たちはクリスマスにたくさんプレゼントを もらいますか？	¿Reciben los niños muchos regalos en la Navidad?
9. 君は家族と同居してるの？	¿Vives con tu familia?
10. 君はどこに住んでいるの？	¿Dónde vives?

Ejercicios 8　Ejercicios 7 の質問を参考にして、隣の人と会話しましょう。

CD 1-59
DL 059

～頻度を表す表現～

いつも	siempre
普通は	normalmente, usualmente
しばしば	a menudo
時々	a veces
時々	de vez en cuando
ほとんどない	casi nunca
全くない	nunca

3. 時刻の表現 2
前置詞を伴った時刻の表現です。

- 何時に～する　　～ a ＋時間
- 何時から～する　～ de ＋時間
- 何時まで～する　～ hasta ＋時間

CD 1-60
▶
DL 060

Ejercicios 9 音声を聞いて、スペイン語を繰り返し発音しましょう。

1. 普通は何時に朝食をとりますか？   ¿A qué hora desayunas normalmente?

2. だいたい午前7時頃に朝食をとります。   Desayuno a eso de las siete de la mañana.

3. 夜の6時半頃に夕食をとります。   Ceno más o menos a las seis y media de la noche.

4. その店は10時ちょうどに開きます。   Esa tienda abre a las diez en punto.

5. 電車は何時に到着しますか？   ¿A qué hora llega el tren?

6. 4時半に到着します。   Llega a las cuatro y media.

7. 大統領は何時に挨拶されるのですか？   ¿A qué hora saluda el presidente?

8. 挨拶するのは午前10時です。   Saluda a las diez de la mañana.

9. ホルヘは9時から学校にいます。   Jorge está en la escuela desde las nueve.

10. その店は夜10時まで開いています。   Esa tienda está abierta hasta las diez de la noche.

Ejercicios 10 上記の時刻の表現を使って、隣の人と自由に会話しましょう。

CD 1-61
▶
DL 061

─── **～副詞の作り方～** ───

▪ 語尾が O の形容詞   claro → cla<u>ra</u>mente

マリアは自分の意見を明確に書く。

María escribe su opinión claramente.

▪ それ以外の形容詞   alegre → alegremente

学生たちはとても嬉しそうに勉強している。

Los estudiantes estudian muy alegremente.

Lección 5　1人称単数形のみ不規則活用する動詞

¿Qué haces aquí?　ここで何をしているの？

1.　1人称単数形のみ不規則活用する動詞

置く、入れる poner	**pongo**	pones	pone	ponemos	ponéis	ponen
する、作る hacer	**hago**	haces	hace	hacemos	hacéis	hacen
持ってくる traer	**traigo**	traes	trae	traemos	traéis	traen
見る、見える ver	**veo**	ves	ve	vemos	**veis**	ven
去る、出発する salir	**salgo**	sales	sale	salimos	salís	salen

＊ver の2人称複数形にはアクセントが付かないことに注意しましょう。

Ejercicios 1　poner を使って練習です。音声を聞いて、スペイン語を繰り返し発音しましょう。

1.　私はテーブルにリンゴを一つ置く。　　　Pongo una manzana en la mesa.

2.　君はカゴにオレンジをいくつか入れる。　Tú pones unas naranjas en la cesta.

3.　フアナはイチゴを1パック彼女のバッグに入れる。　Juana pone un paquete de fresas en su bolsa.

4.　私たちはスイカをテーブルに置く。　　Ponemos la sandía en la mesa.

5.　君たちは冷蔵庫にたくさんの梨を入れる。　Ponéis muchas peras en el refrigerador.

6.　その男性たちはアボカドを肉の上に乗せて食べる。　Esos hombres ponen aguacate en su carne para comer.

Ejercicios 2 同じ種類の様々な動詞です。音声を聞いて、スペイン語を繰り返しましょう。

1. 私は犬用のケージを作る。　　Hago una canasta de perros.

2. キケは授業の前に宿題をする。　　Quique hace la tarea antes de la clase.

3. 私は寝室でテレビを見る。　　Veo la televisión en el dormitorio.

4. 私たちはこの通りの映画館で映画を観る。　　Vemos la película en el cine de esta calle.

5. 私はワインを一本パーティに持ってくる。　　Traigo una botella de vino a la fiesta.

6. 君はたくさんの花をホセの家に持ってくる。　　Traes muchas flores a la casa de José.

Ejercicios 3 想像力も使って、次の質問にスペイン語で答えましょう。

1. どこにこれらの椅子を置きましょうか？　　¿Dónde ponemos estas sillas?

2. 君は夕食後普通何をしますか？　　¿Qué haces normalmente después de la cena?

3. 君はいつも教室に辞書を持ってきますか？　　¿Traes siempre el diccionario a la clase?

4. 君はどのテレビ番組を今夜見ますか？　　¿Cuál programa de televisión ves esta noche?

5. 君はたいてい何時に家を出ますか？　　¿A qué hora sales de casa generalmente?

6. フランシスコは今晩誰と出かけますか？　　¿Con quién sale Francisco esta noche?

7. あなた方はサラダを作りますか？　　¿Hacen Uds. ensalada?

8. あなた方はステージの歌手が見えますか？　　¿Ven Uds. a los cantantes en la escena?

Ejercicios 4 Ejercicios 3 の質問を参考にして、隣の人と会話しましょう。

2. conocer と saber

どちらも「知っている」という意味ですが、次の違いがあります。

conocer → 体験によることを（人、土地など）を知っている
saber　 → 知識、情報、〜のやり方を知っている

conozco	conoces	conoce	conocemos	conocéis	conocen
sé	sabes	sabe	sabemos	sabéis	saben

Ejercicios 5　音声を聞いて、スペイン語を繰り返し発音しましょう。

1. 私はマリアナを知っています。　　　　　　Conozco a Mariana.

2. 君はマドリッドに行ったことがあります。　Conoces Madrid.

3. 私は私の先生の電話番号を知っています。　Sé el número de teléfono de mi profesor.

4. 私たちは社長の住所を知っています。　　　Sabemos la dirección del presidente.

5. 君はスペイン語を話せます。　　　　　　　Sabes hablar español.

Ejercicios 6　想像力も使って、次の質問にスペイン語で答えましょう。

1. 君はどの国に行ったことがありますか？　　¿Cuál país conoces?

2. 君はここのたくさんの学生を知っていますか？　¿Conoces a muchos estudiantes aquí?

3. 学生たちは今日試験があることを知っていますか？　¿Saben los estudiantes que hay un examen hoy?

4. 君はサルサを踊れますか？　　　　　　　　¿Sabes bailar salsa?

5. 君たちはここの住所を知っていますか？　　¿Sabéis la dirección de aquí?

Ejercicios 7　Ejercicios 6 の質問を参考にして、隣の人と会話しましょう。

～Trabalenguas 早口言葉～

Pancha plancha con cuatro planchas,
パンチャは 4 つのアイロンでアイロンをかける。

con cuatro planchas Pancha plancha.
4 つのアイロンでパンチャはアイロンをかける。

3. hacer を使った天候の表現

Ejercicios 8 音声を聞いて、スペイン語を繰り返し発音しましょう。

1. 今日の天気はどうですか？　　　　　　　¿Qué tiempo hace hoy?

2. 良い天気です。　　　　　　　　　　　　Hace buen tiempo.

3. 天気が悪いです。　　　　　　　　　　　Hace mal tiempo.

4. 暑いです。　　　　　　　　　　　　　　Hace calor.

5. 寒いです。　　　　　　　　　　　　　　Hace frío.

6. 涼しいです。　　　　　　　　　　　　　Hace fresco.

7. 日差しが出ています。　　　　　　　　　Hace sol.

8. 風があります。　　　　　　　　　　　　Hace viento.

4. 前置詞格人称代名詞：前置詞の前に人を置く時の形

a, de, por, para, etc.　+

mí	nosotros, nosotras
ti	vosotros, vosotras
él, ella, Ud.	ellos, ellas, Uds.

＊con の場合は、conmigo, contigo に変化します。

Ejercicios 9 音声を聞いて、スペイン語を繰り返し発音しましょう。

1. （これは）君にだよ。　　　　　　　　　Es para ti.

2. 私にですか？ありがとう。　　　　　　　¿Es para mí? Gracias.

3. これらはあなたたちにです。　　　　　　Estos son para Uds.

4. 私たちにですね。　　　　　　　　　　　Son para nosotros.

5. 目的格人称代名詞 1

　スペイン語では、語の繰り返しを避けるために、代名詞を使用します。

1）直接目的語（人、物を）の代名詞

me	nos
te	os
lo, la	los, las

Ejercicios 10 音声を聞いて、スペイン語を繰り返し発音しましょう。

1. 君は数冊の本をプレゼントする。　　　　　Regalas <u>unos libros</u>.

   ＝君はそれらをプレゼントする。　　　　　<u>Los</u> regalas.

2. 私は彼女を招待する。　　　　　　　　　Invito <u>a ella</u>. = <u>La</u> invito.

3. 私は君を呼ぶ。　　　　　　　　　　　　Llamo <u>a ti</u>. = <u>Te</u> llamo.

4. パコは私を知っている。　　　　　　　　Paco conoce a mí. = Paco me conoce.

5. 君たちは真実を知っている。　　　　　　Vosotros sabéis la verdad.
   　　　　　　　　　　　　　　　　　　　 = Vosotros la sabéis.

2) 間接目的語（誰々に）の代名詞

me	nos
te	os
le (se)	les (se)

＊間接目的格代名詞は省略しないので、内容を繰り返す事があります。

Ejercicios 11 音声を聞いて、スペイン語を繰り返し発音しましょう。

1. 君は私にプレゼントをする。　　　　　　Me regalas a mí.

2. 私たちは君たちに歌う。　　　　　　　　Os cantamos.

3. その祖父母は自分の孫に財産を残す。　　Los abuelos le dejan la fortuna a su nieto.

4. その商人たちは私たちに魔法の本を売る。Los comerciantes nos venden el libro
   　　　　　　　　　　　　　　　　　　　mágico.

5. フアンは自分の子供に数学を教える。　　Juan le enseña matemáticas a su niño.

3）直接・間接両方の目的語を使う場合

Ejercicios 12 音声を聞いて、スペイン語を繰り返し発音しましょう。

1. 君は私に数冊のノートをプレゼントする。　　Me regalas unos cuadernos.

　　　　　　　　　　　　　　　　　　　　　　＝ Me los regalas.

2. 私は彼らにリンゴを持って来る。　　　　　Les traigo las manzanas a ellos.

　　　　　　　　　　　　　　　　　　　　　　＝ Se las traigo.

3. 私たちは君たちにロック音楽を歌う。　　　Os cantamos una canción de rock.

　　　　　　　　　　　　　　　　　　　　　　＝ Os la cantamos.

4. アナソルは、家族にブドウを買う。　　　　Anasol le compra las uvas.

　　　　　　　　　　　　　　　　　　　　　　＝ Anasol se las compra.

5. ベニトは国民に質問する。　　　　　　　　Benito le hace preguntas al pueblo.

　　　　　　　　　　　　　　　　　　　　　　＝ Benito se las hace.

Ejercicios 13 全ての目的語を代名詞にして、文を書きかえましょう。

＊間接目的語の代名詞は省略しませんが、文法練習のために問題文からは省いてあります。

1. Pancho conoce a estos chicos.　　　　　（パンチョはこれらの少年を知っている。）

2. ¿Invitas a Isabel a nuestra casa?　　　　（君はイサベルを私たちの家に招待するの？）

3. La niña vende claveles.　　　　　　　　（その少女はカーネーションを売っている。）

4. Nuestro presidente enseña literatura a nosotros.　（私たちの学長は文学を教えてくれる。）

5. Mi tía regala su pulsera a mí.　　　　　（私の叔母は私に自分のブレスレッドをプレゼントしてくれる。）

6. La madre cuenta una historia a su hijo.　（その母親は、自分の息子に物語を語る。）

7. Mi hermano dice la mentira a mí.　　　　（私の弟は私にうそをつく。）

8. Juana muestra el tesoro a sus amigos.　　（フアナは友人たちにその宝を見せる。）

9. Damos el auto al hombre valiente.　　　　（私たちは勇敢な男性に車をあげます。）

10. Tú mandas estas cartas a tus colegas.　　（君はこれらの手紙を仲間に送る。）

Lección 6　gustar 型動詞

¡Me gusta estudiar idiomas extranjeros!
外国語を勉強するのが好きです！

　スペイン語における「好き」の表現では、主語（好いている人）が間接目的語になり、好きな対象が文法上の主語になります。

1. gustar 型動詞 1

好きにさせる gustar	(gusto)	(gustas)	gusta	(gustamos)	(gustáis)	gustan
～に見える、思える parecer	(parezco)	(pareces)	parece	(parecemos)	(parecéis)	parecen

＊カッコ付きの活用形は現実には使いますが、現段階では必要ありません。

Ejercicios 1　音声を聞いて、スペイン語を繰り返し発音しましょう。

1）gustar 1

1. 私はクラッシック音楽が好きです。 　　A mí me gusta la música clásica.

2. 君はポップ音楽が好きです。 　　A ti te gusta la música pop.

3. 彼は日本音楽が好きです。 　　A él le gusta la música japonesa.

4. 私たちはラテンアメリカ音楽が好きです。 　　A nosotros nos gusta la música latinoamericana.

5. 君たちはスペイン音楽が好きです。 　　A vosotros os gusta la música española.

6. 彼女たちはフォーク音楽が好きです。 　　A ellas les gusta la música folklórica.

2）gustar 2

1. 私の友人はこの本が好きです。 　　A mi amigo le gusta este libro.

2. 私はそれらの雑誌が好きです。 　　Me gustan esas revistas.

3. ホセは走るのが大好きです。 　　A José le gusta correr mucho.

4. その若者たちは歌と踊りが好きです。 　　A esos jóvenes les gusta cantar y bailar.

3) parecer (*to seem*)

1. この映画を君はどう思う？　　　　　　¿Qué te parece esta película?

2. おもしろいと思います。　　　　　　　(Esta película) me parece interesante.

3. 私の子供たちは、君の小説がとても良いと思っています。　A mis niños les parecen muy bien tus novelas.

Ejercicios 2 想像力も使って、次の質問にスペイン語で答えましょう。

1. 何の料理が好き？　　　　　　　　　　¿Qué comida te gusta más?

2. 果物は何が好き？　　　　　　　　　　¿Qué fruta te gusta más?

3. どのスポーツをするのが好き？　　　　¿Qué deporte te gusta practicar?

4. 外国旅行をするのは好き？　　　　　　¿Te gusta viajar al extranjero?

5. これらの本は気に入った？　　　　　　¿Te gustan estos libros?

6. 君のお母さんは日本料理が好き？　　　¿A tu mamá le gusta la comida japonesa?

7. フリアは料理をするのが好きですか？　¿A Julia le gusta cocinar?

8. 君たちは勉強が好き？　　　　　　　　¿A vosotros os gusta estudiar?

9. パブロは教会へ行くのが好き？　　　　¿A Pablo le gusta ir a la iglesia?

10. カルメンシータとマリソルはこれらの絵を気に入りましたか？　¿A Carmensita y Marisol les gustan estas pinturas?

11. このクラスを君はどう思う？　　　　　¿Qué te parece esta clase?

12. これらのテーブルは素敵だと思う？　　¿Te parecen bien estas mesas?

Ejercicios 3 Ejercicios 2 の質問を参考にして、隣の人と会話しましょう。

  〜**Trabalenguas 早口言葉**〜

Si le echa leche al café para hacer café con leche,

¿qué hace falta que le eche?

カフェオレを作るためにミルクをコーヒーに入れたら、何が足りないですか？

2. 目的格人称代名詞 2

CD 2-05
▶
DL 079

Ejercicios 4　音声を聞いて、スペイン語を繰り返し発音しましょう。

1. 私たちは魚を買って、それを食べる。　　Compramos pescados y los comemos.

2. 私が君に肉を持って行き、君がそれを調理する。　Te llevo la carne y tú la cocinas.

3. 私におもちゃをくれる？　　¿Me das el juguete?

　　―はい、君にそれをあげるよ。　　―Sí, te lo doy.

4. 私たちはマルガリータをパーティに招待するの？　¿Invitamos a Margarita a la fiesta?

　　―もちろん、彼女を招待するよ。　　―Claro, la invitamos.

5. 君はどうやってチキンを食べるの？　　¿Cómo comes el pollo?

　　―トマトソースで食べるよ。　　―Lo como con la salsa de tomate.

6. 君はパエリアにイカを入れるの？　　¿Pones calamares en la paella?

　　―うん、入れるよ。　　―Sí, los pongo en la paella.

CD 2-06
▶
DL 080

Ejercicios 5　次の質問に代名詞を使ったスペイン語で答えましょう。

1. 君は甥っ子たちにプレゼントをあげるの？　　¿Les das regalos a tus sobrinos?

2. あなたは私たちをあなたのパーティーに招待してくれますか？　　¿Nos invita Ud. a su fiesta?

3. どこでいつも宿題をするの？　　¿Dónde haces siempre la tarea?

4. 私のこと愛してる？　　¿Me quieres?

5. 学生たちはこの大学の学長を知っていますか？　　¿Conocen los estudiantes al presidente de la universidad?

6. いつ私に電話をくれるの？　　¿Cuándo me llamas por teléfono?

Ejercicios 6　Ejercicios 5 の質問を参考にして、隣の人と会話しましょう。

3. 不特定語と否定語

- 何か　algo (*something*)　⇄　何もない　nada (*nothing*)

- 誰か　alguien (*somebody*)　⇄　誰も〜ない　nadie (*nobody*)

- 何らかの　algún, alguno, algunos, algunas (*some*)

　　　　　　　⇄　いかなる〜もない　ningún, ninguno, ninguna

- いつも　siempre (*always*)　⇄　決して〜ない　nunca, jamás (*never*)

- 〜もまた　también　⇄　〜もまた〜ない　tampoco

- 〜でもなく〜でもない　ni...ni...

CD 2-07
▶
DL 081 **Ejercicios 7**　音声を聞いて、スペイン語を繰り返し発音しましょう。

1. 他に何かありますか。　　　　　　　　¿Hay algo más?

2. この部屋には何もありません。　　　　No hay nada en esta habitación.

3. この建物に誰かいます。　　　　　　　Hay alguien en este edificio.

4. この建物には誰もいません。　　　　　No hay nadie en este edificio.

5. 何か子供向けの本がありますか？　　　¿Hay algún libro infantil?

6. いいえ、1冊もありません。　　　　　No, no hay ninguno.

7. ここら辺に良いレストランを知っていますか？　¿Conoces algún restaurante bueno por aquí?

8. いいえ、1つも知りません。　　　　　No, no conozco ninguno.

9. 夜はいつもテレビを見ますか？　　　　¿Ves siempre la televisión por la noche?

10. いいえ、私はテレビを全く見ません。　No, nunca veo la televisión.

CD 2-08
DL 082

Ejercicios 8　次の質問に否定で答えましょう。

1. 今日何か雑誌を買いますか？　　　　　¿Compras algunas revistas hoy?

2. 誰か有名人を知ってますか？　　　　　¿Conoces a alguien famoso?

3. どこか美しい場所を知ってますか？　　¿Conoces algún lugar hermoso?

4. ドイツ語とイタリア語を話しますか？　¿Hablas alemán e italiano?

5. 君はいつも家で勉強しますか？　　　　¿Estudias siempre en casa?

6. 君のバッグには何か入ってますか？　　¿Hay algo en tu bolsa?

7. 今家に誰かいますか？　　　　　　　　¿Hay alguien en casa ahora?

8. 君はいつもここにいるのですか？　　　¿Estás siempre aquí?

9. 君はいつも早朝に出発するのですか？　¿Sales siempre muy temprano?

10. 君は肉と魚、どちらが好きですか？　　¿Te gusta el pescado o la carne?

Ejercicios 9　Ejercicios 7 と 8 の文章を参考にして、隣の人と会話しましょう。

Lección 7　語根母音変化動詞 1

Entiendo un poco de español. 少しスペイン語がわかります。

規本動詞は語尾だけの変化でしたが、今度は語根も変化する動詞です。
3種類の変化があるので、順番に覚えていきましょう。

1. 語根が e → ie に変化する動詞

CD 2-09

DL 083

1）-ar 動詞

考える pensar	pienso	piensas	piensa	pensamos	pensáis	piensan
閉める、閉じる cerrar	cierro	cierras	cierra	cerramos	cerráis	cierran
推薦する recomendar	recomiendo	recomiendas	recomienda	recomendamos	recomendáis	recomiendan
始める、始まる comenzar	comienzo	comienzas	comienza	comenzamos	comenzáis	comienzan
始める、始まる empezar	empiezo	empiezas	empieza	empezamos	empezáis	empiezan

CD 2-10
DL 084

Ejercicios 1　音声を聞いて、スペイン語を繰り返し発音しましょう。

1. 私は自分の夢についてたくさん考えます。　Pienso mucho en mi sueño.

2. 最後に牧師が教会のドアを閉めます。　Al fin el pastor cierra la puerta de la iglesia.

3. 君はこの映画を薦めますか？　¿Recomiendas esta película?

4. 授業は午前9時に始まります。　Las clases comienzan a las nueve de la mañana.

5. 私たちは今週フランス語を勉強し始めます。　Empezamos a estudiar francés esta semana.

Ejercicios 2 想像力も使って、次の質問にスペイン語で答えましょう。

1. 今何を考えているの？ ¿En qué piensas ahora?

2. 何時に銀行は閉まりますか？ ¿A qué hora cierra el banco?

3. 君はどの小説がお薦めなの？ ¿Cuál novela recomiendas?

4. ペドロとエレナは何を始めますか？ ¿Qué comienzan a hacer Pedro y Elena?

5. 何時に授業は始まりますか？ ¿A qué hora comienza la clase?

Ejercicios 3 Ejercicios 2 の質問を参考にして、隣の人と会話しましょう。

2）-er 動詞

欲する、愛す querer	quiero	quieres	quiere	queremos	queréis	quieren
理解する entender	entiendo	entiendes	entiende	entendemos	entendéis	entienden
失う perder	pierdo	pierdes	pierde	perdemos	perdéis	pierden

Ejercicios 4 音声を聞いて、スペイン語を繰り返し発音しましょう。

1. 私はスペイン語と英語を話したいです。 Quiero hablar español e inglés.

2. 私たちは両親をすごく愛しています。 Queremos mucho a nuestros padres.

3. 分かりません。（理解できません。） No entiendo.

4. この子供たちは韓国語と日本語がわかります。 Estos niños entienden coreano y japonés.

5. 私はしょっちゅう鍵をなくしてしまう。 A menudo pierdo las llaves.

Ejercicios 5 想像力も使って、次の質問にスペイン語で答えましょう。

1. 誕生日に何が欲しいですか？ ¿Qué quieres para tu cumpleaños?

2. その女子たちは今日何がしたいのですか？ ¿Qué quieren hacer hoy las chicas?

3. 夏休みにどこを旅行したいですか？ ¿Dónde quieres viajar durante las vacaciones de verano?

4. 君は授業がわかる？ ¿Entiendes las clases?

5. 君はしょっちゅう何をなくしますか？ ¿Qué pierdes a menudo?

Ejercicios 6 Ejercicios 5 の質問を参考にして、隣の人と会話しましょう。

3）-ir 動詞

<ruby>preferir<rt>〜より〜を好む</rt></ruby>	prefiero	prefieres	prefiere	preferimos	preferís	prefieren
<ruby>sentir<rt>感じる</rt></ruby>	siento	sientes	siente	sentimos	sentís	sienten

Ejercicios 7 音声を聞いて、スペイン語を繰り返し発音しましょう。

1. 私は山より海の方が好きです。　　　　　Prefiero la playa a la montaña.

2. 私たちは出かけるよりも家で夕食を取りたい。　Preferimos cenar en casa a salir.

3. 私の子供たちは喜びを感じている。　　　Mis niños sienten alegría.

4. この女性たちは寒いと感じています。　　Estas mujeres sienten frío.

5. 遅れてごめんなさい。　　　　　　　　Lo siento por llegar tarde.

Ejercicios 8 想像力も使って、次の質問にスペイン語で答えましょう。

1. 歌うのと踊るのではどちらが好き？　　　¿Qué prefieres hacer, cantar o bailar?

2. 料理を作るのと食べるのではどちらがいい？　¿Qué prefieres, cocinar o comer?

3. パスタとピザ、どちらを食べるのが好き？　¿Qué prefieres comer, pasta o pizza?

4. 君は暑い、それとも寒い？　　　　　　¿Sientes calor o frío?

5. あなたは幸運を感じていますか？　　　　¿Siente Ud. la buena suerte?

Ejercicios 9 Ejercicios 8 の質問を参考にして、隣の人と会話しましょう。

  ～**La frase famosa** 有名な言葉～

Pienso, luego existo.　Descartes

我思う、故に我あり。　デカルト

2. 語根が e → i に変化する動詞 （-ir 動詞のみ）

頼む pedir	pido	pides	pide	pedimos	pedís	piden
繰り返す repetir	repito	repites	repite	repetimos	repetís	repiten
仕える servir	sirvo	sirves	sirve	servimos	servís	sirven

Ejercicios 10　音声を聞いて、スペイン語を繰り返し発音しましょう。

1. 私はレストランでチキンライスを頼みます。　　Pido arroz con pollo en el restaurante.

2. 私たちはインターネットで飲み物を注文します。　Pedimos bebidas por Internet.

3. 学生たちは先生の言葉を繰り返す。　　Los estudiantes repiten las frases de su profesor.

4. 君たちは同じ練習問題を繰り返す。　　Repetís el mismo ejercicio.

5. この国の人々は祖国に仕える。　　La gente en este país sirve a su patria.

6. この機械は壊れている。　　Esta máquina no sirve.

Ejercicios 11　想像力も使って、次の質問にスペイン語で答えましょう。

1. 君は喫茶店で何を頼みますか？　　¿Qué pides en la cafetería?

2. 君の友人たちはお父さんにお金をせがむの？　　¿Piden tus amigos dinero a su papá?

3. （私たちは）最初の練習をまた繰り返すのですか？　　¿Repetimos de nuevo el primer ejercicio?

4. 君はいつも同じ間違いを繰り返すの？　　¿Repites el mismo error siempre?

5. このホテルではオーナー自身がコーヒーを運んでくれるの？　　¿Sirve café el dueño mismo en este hotel?

6. 何が壊れているのですか？　　¿Qué no sirve?

Ejercicios 12　Ejercicios 11 の質問を参考にして、隣の人と会話しましょう。

〜縮小辞 -ito, -ita, -ico, -ica, -illo, -illa〜

Un poco más 半歩先へ

　言葉に小さいという意味を持たせたり、愛情を込めた表現にする時に使います。

　例えば、hermano（兄弟）のことを hermanito と言えば、「弟」、または愛情を込めて「お兄ちゃん」という意味になります。Ana（アナ）を Anita と呼べば愛情を込めた「アナちゃん」になります。

　それからメキシコでは ahora（今）を ahorita と言ったり、コロンビアで Un momento.（ちょっと待って。）を Un momentico. と言ったりします。（スペインとメキシコでは Un momentito.）

　また、palo（棒）を小さい複数形 palillos にすると「箸」になります。

　皆さんも自分の名前の語尾を変えて、スペイン語風の「〜ちゃん」づけにしてみましょう！

例：Sayaca　→　Sayaquita　さやか　→　サヤキータ「サヤカちゃん」

CD 2-22
DL 096

3. 語根が u → ue と変化する動詞（jugar のみ）

遊ぶ to play jugar	**ju**e**go**	**ju**e**gas**	**ju**e**ga**	jugamos	jugáis	**ju**e**gan**

CD 2-23
DL 097

Ejercicios 13　音声を聞いて、スペイン語を繰り返し発音しましょう。

1. 私は従姉妹とテニスをします。　　　　　　　Juego al tenis con mi prima.

2. お年寄たちはチェスをします。　　　　　　　Los ancianos juegan al ajedrez.

CD 2-24
DL 098

Ejercicios 14　想像力も使って、次の質問にスペイン語で答えましょう。

1. 誰と野球をしますか？　　　　　　　　　　¿Con quién juegas al béisbol?

2. どのスポーツが得意ですか？　　　　　　　¿Qué deporte sabes jugar bien?

4. 感嘆文

CD 2-25
DL 099

Ejercicios 15　音声を聞いて、スペイン語を繰り返し発音しましょう。

1) ¡Qué ＋名詞！

なんという男だ！　　　　　　　¡Qué hombre!

アントニオはなんて男だ！　　　¡Qué hombre es Antonio!

2) ¡Qué ＋形容詞！

なんて美味しいんだ！　　　　　¡Qué rico!

なんて美味しい料理だ！　　　　¡Qué rica es la comida!

3) ¡Qué ＋副詞！

なんて上手！　　　　　　　　　¡Qué bien!

君はなんと上手に踊るんだ！　　¡Qué bien bailas!

4) ¡Qué ＋名詞　＋　más / tan ＋　形容詞

なんと美しい海でしょう！　　　¡Qué mar más hermoso!

なんと可愛らしい子供だろう！　¡Qué niño tan gracioso!

Ejercicios 16　物や人を対象に感嘆文を作ってみましょう！

Lección 8　語根母音変化動詞 2
1 人称単数だけが特殊な語根母音変化動詞

¿Cuántos años tienes? 何歳ですか？

1. 語根が o → ue に変化する動詞

CD 2-26
DL 100

1）-ar 動詞

見つける encontrar	enc**ue**ntro	enc**ue**ntras	enc**ue**ntra	encontramos	encontráis	enc**ue**ntran
数える、語る contar	c**ue**nto	c**ue**ntas	c**ue**nta	contamos	contáis	c**ue**ntan
（値段が）かかる costar	~~cuesto~~	~~cuestas~~	c**ue**sta	~~costamos~~	~~costáis~~	c**ue**stan

CD 2-27
DL 101

Ejercicios 1　音声を聞いて、スペイン語を繰り返し発音しましょう。

1. カタリナはいつも興味深いものを見つける。　Catalina siempre encuentra cosas interesantes.

2. 私が宝を見つけます。　Yo encuentro el tesoro.

3. その女優たちは話をとても上手に語る。　Las actrices cuentan muy bien la historia.

4. 私たちは今商品の数を数えています。　Contamos el número de los artículos ahora.

5. そのシャツはいくらですか？　¿Cuánto cuesta esa camisa?

6. （そのシャツは）53 ユーロです。　(Esa camisa) cuesta cincuenta y tres euros.

CD 2-28
DL 102

Ejercicios 2　想像力も使って、次の質問にスペイン語で答えましょう。

1. 私のブーツはどこですか？　¿Dónde encuentro mis botas?

2. 子供たちは庭で何を見つけるでしょう？　¿Qué encuentran los niños en el jardín?

3. 私にお姫様の話をしてくれる？　¿Me cuentas el cuento de princesas?

4. 誰がこの金庫のドルを数えるの？　¿Quién cuenta los dólares de esta caja fuerte?

5. 君の靴はいくら？　¿Cuánto cuestan tus zapatos?

6. この自転車は高価ですか？　¿Cuesta mucho esta bicicleta?

Ejercicios 3 Ejercicios 2 の質問を参考にして、隣の人と会話しましょう。

2）-er 動詞

できる poder	**pu**e**do**	**pu**e**des**	**pu**e**de**	podemos	podéis	**pu**e**den**
動く mover	**mu**e**vo**	**mu**e**ves**	**mu**e**ve**	movemos	movéis	**mu**e**ven**
戻る、ひっくり返す volver	**vu**e**lvo**	**vu**e**lves**	**vu**e**lve**	volvemos	volvéis	**vu**e**lven**

Ejercicios 4 音声を聞いて、スペイン語を繰り返し発音しましょう。

1. ホルへは今日は来れます。　　　　　Jorge puede venir hoy.

2. 私たちがカルメンを手伝えます。　　Podemos ayudar a Carmen.

3. 私は頻繁に家具を動かします。　　　Muevo los muebles muy a menudo.

4. 私たちは車を反対側に移動します。　Movemos los coches a otro lado.

5. 私はすぐに家に帰ります。　　　　　Vuelvo a casa muy pronto.

6. 先生たちは3時に教室に戻ります。　Los maestros vuelven a las tres a la clase.

Ejercicios 5 想像力も使って、次の質問にスペイン語で答えましょう。

1. 誰が参加できますか？　　　　　　　　¿Quiénes pueden participar?

2. 少し手伝ってくれる？　　　　　　　　¿Puedes ayudar un poco?

3. 君は自分の部屋の何を動かすの？　　　¿Qué mueves en tu cuarto?

4. 警察は君のバイクを移動しますか？　　¿Mueve la policía tu moto?

5. あなたの両親は何時に戻りますか？　　¿A qué hora vuelven sus padres?

6. 君はいつ家に帰るの？　　　　　　　　¿Cuándo vuelves a casa?

Ejercicios 6 Ejercicios 5 の質問を参考にして、隣の人と会話しましょう。

気分転換

～Trabalenguas 早口言葉～

¿Cuántos cuentos cuentas cuando cuentas cuentos?

物語を君が語る時、幾つの物語を語るの？

3）語根母音変化動詞を使った天候の表現

Llover　雨がたくさん降る。　Llueve mucho.

Nevar　雪が少し降る。　Nieva poco.

4）-ir 動詞

眠る dormir	duermo	duermes	duerme	dormimos	dormís	duermen
死ぬ morir	muero	mueres	muere	morimos	morís	mueren

Ejercicios 7　音声を聞いて、スペイン語を繰り返し発音しましょう。

1. 私はだいたい8時間眠ります。　　　　　Duermo más o menos ocho horas.

2. 赤ちゃんたちは寝室で眠っています。　　Los bebés duermen en el dormitorio.

3. 多くの人々が飢餓で亡くなっている。　　Mucha gente muere de hambre.

4. 私は夫を死ぬほど愛しています。　　　　Muero de amor por mi marido.

Ejercicios 8　想像力も使って、次の質問にスペイン語で答えましょう。

1. あなた方は何時間眠りますか？　　　　¿Cuántas horas duermen Uds.?

2. 君は普通どこで寝るの？　　　　　　　¿Dónde duermes usualmente?

3. 毎日良く眠れる？　　　　　　　　　　¿Duermes bien todos los días?

4. 誰を死ぬほど愛していますか？　　　　¿Por quién mueres de amor?

Ejercicios 9　Ejercicios 8 で練習した質問を参考にして、隣の人と会話しましょう。

2. gustar 型動詞 2　doler（痛い *to hurt*）

＊doler は 3 人称（duele, duelen）のみ使います。

CD 2-37
DL 111

Ejercicios 10　音声を聞いて、スペイン語を繰り返し発音しましょう。

1. 私は頭が痛いです。　　　　　　　　　Me duele la cabeza.

2. 君は足が痛いの？　　　　　　　　　　¿Te duelen los pies?

3. 私たちは心が痛んでいます。　　　　　Nos duele el corazón.

CD 2-38
DL 112

Ejercicios 11　想像力も使って、次の質問にスペイン語で答えましょう。

1. 君は胃が痛いの？　　　　　　　　　　¿Te duele el estómago?

2. 君はしょっちゅう頭痛がするの？　　　¿Te duele la cabeza a menudo?

3. その子供たちは奥歯が痛いの？　　　　¿Les duelen las muelas a esos niños?

CD 2-39
DL 113

3. 1 人称単数だけが特殊な語根母音変化動詞

持つ *to have* tener	**tengo**	tienes	tiene	tenemos	tenéis	tienen
来る *to come* venir	**vengo**	vienes	viene	venimos	venís	vienen
言う *to say* decir	**digo**	dices	dice	decimos	decís	dicen
追う *to follow* seguir	**sigo**	sigues	sigue	seguimos	seguís	siguen

CD 2-40
DL 114

Ejercicios 12　音声を聞いて、スペイン語を繰り返し発音しましょう。

1. 私はたくさんおもちゃを持っています。　　Tengo muchos juguetes.

2. フアンには今日時間がありません。　　　　Juan no tiene tiempo hoy.

3. 私は毎年ここに来ます。　　　　　　　　　Vengo aquí todos los años.

4. マリアとマリナは一緒に来ます。　　　　　María y Marina vienen juntas.

5. 私は本当のことを言います。　　　　　　　Digo la verdad.

6. 私たちは嘘をつきません。　　　　　　　　No decimos mentiras.

7. 私はこの人たちについて行きます。　　　　Sigo a esta gente.

8. 君たちは隣町までこの通りを行きます。　　Seguís esta calle hasta llegar al siguiente pueblo.

Ejercicios 13 tener で様々な表現ができます。音声を聞いて、スペイン語を繰り返し発音しましょう。

1. 私はとてもお腹が空いた。　　　　　　　Tengo mucha hambre.

2. 君は少し喉が乾いているの？　　　　　　¿Tienes poca sed?

3. アニタは凄く急いでいるよ。　　　　　　Anita tiene mucha prisa.

4. 私たちはとても眠いの。　　　　　　　　Tenemos mucho sueño.

5. 君たちはすごく暑そうだね？　　　　　　Tenéis mucho calor, ¿no?

6. 少年たちは寒いのかな？　　　　　　　　¿Tienen los chicos frío?

7. 私はたくさん勉強しなくちゃ。　　　　　Tengo que estudiar mucho.

8. 私たちは旅行に行きたい。　　　　　　　Tenemos ganas de viajar.

9. あなたは何歳ですか？　　　　　　　　　¿Cuántos años tiene Ud.?

10. 私は20歳です。　　　　　　　　　　　　Tengo veinte años.

Ejercicios 14 想像力も使って、次の質問にスペイン語で答えましょう。

1. 眠いの？　　　　　　　　　　　　　　　¿Tienes sueño?

2. 君のママは何歳？　　　　　　　　　　　¿Cuántos años tiene tu mamá?

3. 明日何をしなければならないの？　　　　¿Qué tienes que hacer mañana?

4. 君はおやつを食べたいかな？　　　　　　¿Tienes ganas de merendar?

5. 何時に授業に来るの？　　　　　　　　　¿A qué hora vienes a la clase?

6. 君の両親は今日来るの？　　　　　　　　¿Vienen tus padres hoy?

7. エレナはその食事について何と言っているの？　¿Qué dice Elena sobre la comida?

8. 何を言うの？　　　　　　　　　　　　　¿Qué dices?

9. この道はどこに続いていますか？　　　　¿A dónde sigue este camino?

10. 君はその仕事を続けるの？　　　　　　　¿Sigues la misma carrera?

Ejercicios 15 Ejercicios 14 の質問を参考にして、隣の人と会話しましょう。

Lección 9　完全に不規則な変化をする動詞と再帰動詞

¡Vamos a vernos! また会いましょう！

1. 完全に不規則な変化をする動詞

行く *to go* ir	voy	vas	va	vamos	vais	van
与える *to give* dar	doy	das	da	damos	dais	dan
聞こえる *to hear* oír	oigo	oyes	oye	oímos	oís	oyen
笑う *to laugh* reír	río	ríes	ríe	reímos	reís	ríen
逃げる *to flee* huir	huyo	huyes	huye	huimos	huís	huyen

Ejercicios 1　音声を聞いて、スペイン語を繰り返し発音しましょう。

1. 私はスペインへ行く。　　　　　　　　　Voy a España.

2. 君はいつも甥っ子たちに素敵なプレゼントをあげる。　　　Tú siempre les das unos regalos bonitos a tus sobrinos.

3. ソフィアはいつもここで音楽を聴いている。　　Sofía siempre oye la música aquí.

4. 私たちは授業中たくさん笑う。　　　　　Reímos mucho en la clase.

5. 私の鳥たちはこの穴から逃げてしまう。　Mis pájaros huyen por este agujero.

Ejercicios 2　ir を使った様々な表現です。音声を聞いて、スペイン語を繰り返し発音しましょう。

1. 姉が来週私の家に来る予定です。　　　　Mi hermana va a venir a mi casa la próxima semana.

2. 学生たちは電車で大学へ行きます。　　　Los estudiantes van a la universidad en tren.

3. 歌いましょう。　　　　　　　　　　　　¡Vamos a cantar!

4. 私の叔母は午後買い物に出かけます。　　Mi tía va de compras por la tarde.

5. 私は長期休暇中に旅行に行きます。　　　Voy de viaje durante las vacaciones largas.

Ejercicios 3 想像力も使って、次の質問にスペイン語で答えましょう。

1. この授業の後どこに行くの？ ¿A dónde vas después de esta clase?

2. 君たちは私に何をくれるの？ ¿Qué me dais?

3. 今何が聞こえますか？ ¿Qué oyes ahora?

4. 友だちとよく笑いますか？ ¿Ríes mucho con tu amigo?

5. あなたは何から逃げているのですか？ ¿De qué huye Ud.?

Ejercicios 4 Ejercicios 3 の質問を参考にして、隣の人と会話しましょう。

 ～Trabalenguas 早口言葉～

¡Qué genio tiene el ingenio de Eugenio!
エウヘニオの才能は凄すぎる！

2. 再帰動詞

1）活用形はこれまでと同じですが、必ず再帰代名詞と一緒に使います。

　再帰代名詞と動詞の活用形の人称は必ず一致します。なお、原形では -se を語尾につけて再帰動詞を表します。

起きる levantar**se**	**me** levanto	**te** levantas	**se** levanta	**nos** levantamos	**os** levantáis	**se** levantan

Ejercicios 5 様々な再帰動詞です。音声を聞いて、スペイン語を繰り返し発音しましょう。

1. 床に就く acostarse

   私は真夜中過ぎに床に就く。 Me acuesto después de la medianoche.

2. 毛を剃る afeitarse

   その俳優は簡単にひげを剃ってしまう。 El actor se afeita la cara fácilmente.

3. 嬉しい alegrarse

   私は君に会えて嬉しい。 Me alegro mucho de verte.

54

4. 入浴する　bañarse

　　私は今お風呂に入りたい。　　　　　　　　　Quiero bañarme ahora.

5. 結婚する　casarse

　　フリオはエレナともうすぐ結婚する。　　　　Julio se casa con Elena pronto.

6. 目覚める　despertarse

　　君は凄い早起きだ。　　　　　　　　　　　Te despiertas muy temprano.

7. シャワーを浴びる　ducharse

　　私は今夜家でシャワーを浴びる。　　　　　　Me ducho en casa esta noche.

8. 怒る　enojarse

　　マリオはいつも自分の猫に怒っている。　　　Mario siempre se enoja con su gato.

9. 行ってしまう　irse

　　君はもう行ってしまうのか。なんと淋しいだろ　　Ya te vas. ¡Qué tristeza!
　　う。

10. 洗う　lavarse

　　私たちはここで手を洗います。　　　　　　　Nos lavamos las manos aquí.

11. 起きる　levantarse

　　子供たちは7時に起きます。　　　　　　　　Los niños se levantan a las siete.

12. 清潔にする　limpiarse

　　彼らはこの洗面所で耳掃除をします。　　　　Ellos se limpian las orejas en este lavabo.

13. 化粧する　maquillarse

　　君たちは化粧にどれだけ時間をかけるの？　　¿Cuánto tiempo tardáis en maquillaros?

14. （自分を）見る　mirarse

　　ホルヘは鏡で頻繁に自分を見たがる。　　　　Jorge quiere mirarse en el espejo a menudo.

15. 死ぬ（比喩的）　morirse

　　ああ、お腹が空いて死にそう。　　　　　　　Ay, me muero de hambre.

16. 化粧する　pintarse

　　あなた方はパーティのために化粧をするよね。　Uds. se pintan para la fiesta, ¿no?

17. 身に着ける　ponerse

　　僕たちは仕事用に新しいネクタイをしめます。　　Nos ponemos la corbata nueva para trabajar.

18. 心配する　preocuparse

　　なぜ君はそんなに心配するの？　　¿Por qué te preocupas tanto?

19. 脱ぐ、外す　quitarse

　　日本では家に入る時靴を脱ぐ。　　Se quitan los zapatos al entrar en casa en Japón.

20. 髭を剃る　rasurarse

　　その子たちはもうヒゲを剃る。　　Los chicos ya se rasuran.

21. 座る　sentarse

　　私はどこに座ったら良いの？　　¿Dónde puedo sentarme?

22. 感じる　sentirse

　　その患者は今日少し体調が良いと感じている。　　El paciente se siente mejor hoy.

23. タメ口で（tú を使って）話す　tutearse

　　私たちはこれからタメ口で話します。　　Nos tuteamos ahora.

24. 会う　verse

　　またすぐに会いましょう。　　¡Nos vemos pronto!

25. 着る　vestirse

　　あの女性は着物をとても美しく着こなしている。　　Aquella mujer se viste muy elegantemente con *kimono*.

2）原形のまま再帰動詞を使用する場合は代名詞だけが主語に一致します。再帰代名詞も、目的格代名詞と同じく、活用した動詞の直前に置くか、又は原形の後ろに付けて一語にします。

CD 2-50
DL 124

Ejercicios 6　音声を聞いて、スペイン語を繰り返し発音しましょう。

1. あのドレスを着たい。

Quiero ponerme aquel vestido.
= Me quiero poner aquel vestido.

2. 私たちは結婚したいです。

Queremos casarnos.
= Nos queremos casar.

3. 明日は早起きしなければなりません。

Tenemos que levantarnos temprano mañana.
= Nos tenemos que levantar temprano
mañana.

4. 人々は皆ここで手を洗うべきだ。

Toda la gente debe lavarse las manos aquí.
= Toda la gente se debe lavar las manos
aquí.

5. ここに座って良いですか？

¿Puedo sentarme aquí?
= ¿Me puedo sentar aquí?

Ejercicios 7　再帰動詞を使って、隣の人と会話しましょう。

CD 2-51
DL 125

┌─ 〜**再帰動詞の３人称用法**〜 ───────────────

　■ 受動態用法

　　水はどこで売っていますか？

　　¿Dónde se vende el agua?

　■ 不定主語用法

　　ここから大学まで歩いて 15 分かかります。

　　Desde aquí hasta la universidad se tarda quince minutos a pie.

└────────────────────────────────

Lección 10　点過去 1　基本活用プラス

¿Qué comieron Uds. anoche? 昨夜あなた方は何を食べたの？

点過去は、終了した過去の事柄を表すための過去形です。

CD 2-52
▶
DL 126 **1. 基本動詞 -ar**

hablar	hablé	hablaste	habló	hablamos	hablasteis	hablaron

CD 2-53
▶
DL 127 **Ejercicios 1**　音声を聞いて、スペイン語を繰り返し発音しましょう。

1. 私は昨日友人とたくさん話した。　　Ayer hablé mucho con mis amigos.

2. 君は先週コンサートでとても上手に歌った。　La semana pasada cantaste muy bien en el concierto.

3. 私の叔父は先月大邸宅を買った。　El mes pasado mi tío compró una mansión.

4. 私たちは楽しくスペイン語を勉強した。　Estudiamos español alegremente.

5. 君たちはオフィスに書類を持っていったね。　Llevasteis el documento a la oficina, ¿no?

6. 女の子たちが昨晩僕に電話をして来た。　Las muchachas me llamaron anoche.

CD 2-54
▶
DL 128 **Ejercicios 2**　想像力も使って、次の質問にスペイン語で答えましょう。

1. 君はいつ両親と話しましたか？　　¿Cuándo hablaste con tus padres?

2. もう朝食を取った？　　¿Ya desayunaste?

3. あなた方は辞書を持って来ましたか？　¿Llevaron Uds. el diccionario?

4. 君の友人はどこで夕食を取ったの？　¿Dónde cenó tu amigo?

5. 君は昨年何回美術館を訪ねた？　¿Cuántas veces visitaste el museo?

6. 誰が競争に勝ったの？　　¿Quién ganó la competición?

7. 君は去年どれだけお金を稼いだの？　¿Cuánto dinero ganaste el año pasado?

8. 君は昨日私に電話をくれたの？　¿Me llamaste anoche por teléfono?

9. 先生方は休暇中にどこを旅しましたか？　¿Dónde viajaron los profesores durante las vacaciones?

10. この週末、君はどこで働いたの？　¿Dónde trabajaste este fin de semana?

Ejercicios 3　Ejercicios 2 の質問を参考にして、隣の人と会話しましょう。

OJO　1 人称単数だけ語尾が変化する -ar 動詞

buscar (**busqué**)　　tocar (**toqué**)　　comenzar (**comencé**)

llegar (**llegué**)　　pagar (**pagué**)　　jugar (**jugué**)

CD 2-55
DL 129

Ejercicios 4　音声を聞いて、スペイン語を繰り返し発音しましょう。

1. 私は午前中ずっとフアナを探した。　　Busqué a Juana toda la mañana.

2. 私は昨日 3 時間ピアノを弾いた。　　Ayer toqué el piano por tres horas.

3. 私は時間通りに教室に着いた。　　Llegué a la clase a la hora.

4. 私はその車に 100 万ユーロ払いました。　　Pagué un millón de euros por el coche.

5. 私は週末、子供たちとテニスをした。　　Jugué al tenis con niños el fin de semana.

6. 私は 6 ヶ月前にスペイン語の勉強を始めた。　　Comencé a estudiar español hace seis meses.

CD 2-56
DL 130

2. -er 動詞、-ir 動詞

comer	comí	comiste	comió	comimos	comisteis	comieron
vivir	viví	viviste	vivió	vivimos	vivisteis	vivieron

CD 2-57
DL 131

Ejercicios 5　音声を聞いて、スペイン語を繰り返し発音しましょう。

1. 昨晩私はワインをボトル 1 本飲んだ。　　Anoche bebí una botella de vino.

2. ラプンツェルのお母さんは山のようにレタスを食べた。　　La mamá de Rapunzel comió un montón de lechuga.

3. 私たちは学園祭でお菓子を売りました。　　Vendimos dulces en el festival de la universidad.

4. 昔は英語でたくさん手紙を書きました。　　Hace mucho escribí muchas cartas en inglés.

5. 人々は平和に暮らした。　　La gente vivió en paz.

6. その視覚障害者の人たちはついに山に登った。　　Por fin esos ciegos subieron al monte.

Ejercicios 6　想像力も使って、次の質問にスペイン語で答えましょう。

1. 昨晩君は誰と一緒に食べたの？　　　　　　¿Con quién comiste anoche?

2. 君のおじいさんとおばあさんは今日どこで食事　¿Dónde comieron tus abuelos hoy?
   をしたの？

3. 君は昨日何をすべきだったの？　　　　　　¿Qué debiste hacer ayer?

4. 学生たちはこの授業で何を学びましたか？　　¿Qué aprendieron los estudiantes en esta
   　　　　　　　　　　　　　　　　　　　　clase?

5. これまで何箇所に住んだ？　　　　　　　　¿En cuántos lugares viviste hasta ahora?

6. 今朝何を書いたの？　　　　　　　　　　　¿Qué escribiste esta mañana?

Ejercicios 7　Ejercicios 6 の質問を参考にして、隣の人と会話しましょう。

3. 3 人称のみ語根母音変化する動詞

servir	serví	serviste	sirvió	servimos	servisteis	sirvieron
pedir	pedí	pediste	pidió	pedimos	pedisteis	pidieron
sentir	sentí	sentiste	sintió	sentimos	sentisteis	sintieron
repetir	repetí	repetiste	repitió	repetimos	repetisteis	repitieron
seguir	seguí	seguiste	siguió	seguimos	seguisteis	siguieron
dormir	dormí	dormiste	durmió	dormimos	dormisteis	durmieron
morir	morí	moriste	murió	morimos	moristeis	murieron

Ejercicios 8　音声を聞いて、スペイン語を繰り返し発音しましょう。

1. ボーイが私にパエリアを持って来た。　　　El mozo me sirvió la paella.

2. 私はチキンライスを注文した。　　　　　　Pedí "Arroz con pollo."

3. 少女たちは寒さを感じた。　　　　　　　　Las chicas sintieron frío.

4. 僕たちはその泥棒を国境まで追いかけた。　Seguimos al ladrón hasta la frontera.

5. カルロスはぐっすり眠った。　　　　　　　Carlos durmió como un tronco.

6. その有名人は老齢で亡くなりました。　　　El famoso murió de vejez.

CD 2-61
DL 135

Ejercicios 9 想像力も使って、次の質問にスペイン語で答えましょう。

1. レストランで君は何を注文したの？　¿Qué pediste en el restaurante?

2. 学食では（君に）何が出されたの？　¿Qué te sirvieron en la cafetería?

3. あそこ、暑く（感じ）なかった？　¿No sentimos calor allí?

4. その子たちは授業でその文章をリピートしたの？　¿Repitieron los muchachos esa frase en la clase?

5. 警察は誰を追って行ったの？　¿A quién siguió la policía?

6. 昨晩君たちはどこで寝たの？　¿Dónde dormisteis anoche?

Ejercicios 10 Ejercicios 9 の質問を参考にして、隣の人と会話しましょう。

 CD 2-62
DL 136

Cambio de humor　気分転換

～Trabalenguas 早口言葉～

Pablito clavó un clavito. ¿Qué clavito clavó Pablito?

パブリートが釘を打った。パブリトはどの釘を打ったの？

 CD 2-63
DL 137

4. 3人称のみ語尾変化する動詞

construir	construí	construiste	construyó	construimos	construisteis	construyeron
huir	huí	huiste	huyó	huimos	huisteis	huyeron

CD 2-64
DL 138

Ejercicios 11 音声を聞いて、スペイン語を繰り返し発音しましょう。

1. 私の遠い親戚がサグラダ・ファミリアを建設したのです。　Un pariente lejano construyó La Sagrada Familia.

2. その労働者たちが私たちの学校を作ったんだ。　Esos obreros construyeron nuestra escuela.

3. 僕は本気で彼女から逃げた。　En serio huí de mi novia.

4. 私たちは地震の際一緒に逃げました。　Huimos juntos en el terremoto.

61

Ejercicios 12 想像力も使って、次の質問にスペイン語で答えましょう。

1. 誰がこのビルを建てたのですか？　　　　　¿Quién construyó este edificio?

2. スペイン語で幾つか文章を作った？　　　　¿Construiste unas frases en español?

3. 君は何から逃げたの？　　　　　　　　　¿De qué huiste?

4. 犯人たちはどこへ逃げたのですか？　　　　¿A dónde huyeron los criminales?

Ejercicios 13 Ejercicios 12 の質問を参考にして、隣の人と会話しましょう。

Lección 11　点過去 2　点過去の不規則変化

Fui a España durante las vacaciones.
休暇中にスペインに行った。

1 人称単数形と語尾変化を覚えましょう。

1. 語根が不規則で語尾変化が -e, -iste, -o, -imos, -isteis, -ieron の動詞

andar	anduve	anduviste	anduvo	anduvimos	anduvisteis	anduvieron
estar	estuve	estuviste	estuvo	estuvimos	estuvisteis	estuvieron
hacer	hice	hiciste	hizo	hicimos	hicisteis	hicieron
venir	vine	viniste	vino	vinimos	vinisteis	vinieron
querer	quise	quisiste	quiso	quisimos	quisisteis	quisieron
poder	pude	pudiste	pudo	pudimos	pudisteis	pudieron
poner	puse	pusiste	puso	pusimos	pusisteis	pusieron
saber	supe	supiste	supo	supimos	supisteis	supieron

Ejercicios 1　音声を聞いて、スペイン語を繰り返し発音しましょう。

1. 私はこの通りを歩きました。　　　　　Anduve por esta calle.

2. 子供たちは公園にいました。　　　　　Los niños estuvieron en el parque.

3. マリカルメンは今日の宿題をやってこなかった。　Maricarmen no hizo la tarea para hoy.

4. 私たちは先週もここに来ました。　　　Vinimos aquí también la semana pasada.

5. 学生たちは小説を批評しようとした。　Los estudiantes quisieron criticar la novela.

6. その少女は大量の料理を完食できた。　La chica pudo terminar de comer el plato gigante.

7. 君たちはそれをあの箱に入れたんだよね。　Lo pusisteis en aquella caja, ¿no?

8. 私はなぞなぞの答えがわかった。　　　Supe la respuesta de la adivinanza.

Ejercicios 2 想像力も使って、次の質問にスペイン語で答えましょう。

1. 人々はどこを歩いたのですか？　　　　　¿Dónde anduvo la gente?

2. 昨日君はどこにいたの？　　　　　　　　¿Dónde estuviste ayer?

3. 君はレタスを使って何を作りましたか？　¿Qué hiciste con la lechuga?

4. みんなは何時に来ましたか？　　　　　　¿A qué hora vinieron todos?

5. 君たちは私に何か言おうとした？　　　　¿Quisisteis decirme algo?

6. もう私たちの仕事は終えられましたか？　¿Ya pudimos terminar la tarea?

7. 私の靴をどこに置いたかしら？　　　　　¿Dónde puse mis zapatos?

8. 誰が先生の秘密を見つけたの？　　　　　¿Quién supo el secreto de la profesora?

Ejercicios 3 Ejercicios 2 の質問を参考にして、隣の人と会話しましょう。

| OJO | 点過去の意味に注意したい動詞 |

conocer	Ayer conocí a Felipe.	昨日フェリペに<u>初めて出会った</u>。
saber	Anoche supe la verdad.	昨晩その真実を<u>発見した</u>。
querer	Quise participar.	<u>参加しようとした</u>。
no querer	No quise participar.	<u>参加を断った</u>。
poder	Pude leer tres libros.	3 冊の本を<u>頑張って読めた</u>。

2. 語根が不規則で語尾変化に j を伴う動詞（-je, -jiste, -jo, -jimos, -jisteis, -jeron）

decir	dije	dijiste	dijo	dijimos	dijisteis	dijeron
traer	traje	trajiste	trajo	trajimos	trajisteis	trajeron
conducir	conduje	condujiste	condujo	condujimos	condujisteis	condujeron
producir	produje	produjiste	produjo	produjimos	produjisteis	produjeron
traducir	traduje	tradujiste	tradujo	tradujimos	tradujisteis	tradujeron

CD 2-70
▶
DL 144 **Ejercicios 4** 音声を聞いて、スペイン語を繰り返し発音しましょう。

1. ラモンは面白いことを言った。　　　　　Ramón dijo las cosas graciosas.

2. 私たちはあなた方にプレゼントを持って来まし　Trajimos regalos para Uds.
   た。

3. 君はトラックを運転しました。　　　　　Condujiste el camión.

4. この地域で上質のブドウが作られた。　　Esta zona produjo uvas buenas.

5. 私がこの本を英語から日本語に訳しました。Yo traduje este libro del inglés al japonés.

CD 2-71
▶
DL 145 **Ejercicios 5** 想像力も使って、次の質問にスペイン語で答えましょう。

1. 私に本当のことを言いましたか？　　　　¿Me dijiste la verdad?

2. 君の友だちは何を持って来たの？　　　　¿Qué trajo tu amigo?

3. そのエンジニアたちがバスを運転したの？　¿Condujeron esos ingenieros el autobús?

4. 君たちはどこでその機械を作ったの？　　¿Dónde produjisteis esa máquina?

5. あなた方はこの書類を翻訳しましたか？　¿Tradujeron Uds. este documento?

Ejercicios 6 Ejercicios 5 の質問を参考にして、隣の人と会話しましょう。

CD 2-72
▶
DL 146 ### 3. 3人称とアクセント記号に注意を要する動詞

creer	creí	creíste	creyó	creímos	creísteis	creyeron
leer	leí	leíste	leyó	leímos	leísteis	leyeron
oír	oí	oíste	oyó	oímos	oísteis	oyeron

CD 2-73
▶
DL 147 **Ejercicios 7** 音声を聞いて、スペイン語を繰り返し発音しましょう。

1. 皆が嘘つき少年を信じた。　　　　　　　Todo el mundo le creyó al chico mentiroso.

2. 今朝私は新聞でそのニュースを読んだ。　Leí la noticia en el periódico esta mañana.

3. 私たちは今日授業でベネズエラ音楽を聞いた。Hoy oímos la música venezolana en la
   clase.

Ejercicios 8 想像力も使って、次の質問にスペイン語で答えましょう。

1. 大人たちはその子が言ったことを信じましたか？　　¿Creyeron los adultos lo que dijo ese niño?

2. 去年は何をたくさん読んだ？　　¿Qué leíste mucho el año pasado?

3. 君たちはその不思議な声を聞いたの？　　¿Oísteis la voz misteriosa?

Ejercicios 9 Ejercicios 8 の質問を参考にして、隣の人と会話しましょう。

～Trabalenguas 早口言葉～

Pedro Pérez pintor pintó preciosos paisajes
por pocas pesetas para poder partir para París.

ペドロ・ペレスは見事な絵を描いた
パリに出発するためのお金のために。

4. 完全に不規則な変化をする動詞

dar	di	diste	dio	dimos	disteis	dieron
ver	vi	viste	vio	vimos	visteis	vieron
ir	fui	fuiste	fue	fuimos	fuisteis	fueron
ser	fui	fuiste	fue	fuimos	fuisteis	fueron
reír	reí	reíste	rió	reímos	reísteis	rieron

Ejercicios 10 音声を聞いて、スペイン語を繰り返し発音しましょう。

1. 私は母にカーネーションをあげた。　　Le di los claveles a mi mamá.

2. 神父たちは奇跡を見た。　　Los sacerdotes vieron la maravilla.

3. 私の生徒たちは海外留学に行った。　　Mis alumnos fueron al extranjero para estudiar.

4. 学園祭はとても楽しかった。　　El festival de la escuela fue muy divertido.

5. 私たちはその授業でたくさん笑った。　　Reímos mucho en esa clase.

CD 2-78
DL 152

Ejercicios 11 想像力も使って、次の質問にスペイン語で答えましょう。

1. ペドロは君に何をあげたの？ ¿Qué te dio Pedro?

2. マリアナに会った？ ¿Viste a Mariana?

3. 休暇中に君たちはどこに行ったんだい？ ¿A dónde fuisteis durante las vacaciones?

4. この町の住人の様子はどうでしたか？ ¿Cómo fueron los habitantes de esta ciudad?

5. パンチョも笑ったんですか？ ¿Rió Pancho también?

Ejercicios 12 Ejercicios 11 の質問を参考にして、隣の人と会話しましょう。

Lección 12　線過去

Cuando era niño, jugaba al fútbol.
子供の頃私はサッカーをしていた。

線過去形で、昔の習慣や過去に進行していたことを表現します。

1. 不規則活用　ir, ver, ser

ir	iba	ibas	iba	íbamos	ibais	iban
ver	veía	veías	veía	veíamos	veíais	veían
ser	era	eras	era	éramos	erais	eran

Ejercicios 1　音声を聞いて、スペイン語を繰り返し発音しましょう。

1. 君たちが園児だった頃、この幼稚園に行っていた。

   Cuando erais niños, ibais a este jardín de infancia.

2. 私が子供だった頃、いつもこの番組を見ていた。

   Cuando era niña, veía siempre este programa de televisión.

3. 僕たちが若かった頃は、毎晩そのバーに行っていた。

   Cuando éramos jóvenes, íbamos juntos al bar todas las noches.

4. 君は学生だった頃、とても優秀だったね。

   Cuando eras estudiante, eras muy listo.

5. 私がここに着いた時は、3時でした。

   Cuando llegué aquí, eran las tres.

Ejercicios 2　想像力も使って、次の質問にスペイン語で答えましょう。

1. 君が子供だった頃は、どの公園によく行っていましたか？

   Cuando eras niño o niña, ¿a cuál parque ibas a menudo?

2. 君が子供の頃、いつもどのテレビ番組を見ていた？

   Cuando eras niño o niña, ¿qué programa de televisión veías siempre?

3. あなた方が若かった頃は、どこに行っていましたか？

   Cuando Uds. eran jóvenes, ¿adónde iban?

4. 君が小学生の頃、どんな（子供）でしたか？

   Cuando eras estudiante de la escuela primaria, ¿cómo eras?

5. 今日君がここに着いたのは何時だった？

   Cuando llegaste aquí hoy, ¿qué hora era?

Ejercicios 3 Ejercicios 2 の質問を参考にして、隣の人と会話しましょう。

CD 2-82
DL 156

~**Expresiones del pasado** 過去を表す表現~

昨晩 anoche　　昨日 ayer　　一昨年 anteayer　　以前 antes

先週 la semana pasada　　先月 el mes pasado　　去年 el año pasado

1年前 hace un año　　ずっと昔 hace mucho tiempo

私が子供だった頃 cuando era niño / niña

私が2歳だった頃 cuando tenía dos años

CD 2-83
DL 157

2. 1. 不規則活用以外の全ての動詞

-ar, -er, ir の語尾で判断します。

est**ar**	estaba	estabas	estaba	estábamos	estabais	estaban
quer**er**	quería	querías	quería	queríamos	queríais	querían
dec**ir**	decía	decías	decía	decíamos	decíais	decían

CD 2-84
DL 158

Ejercicios 4 音声を聞いて、スペイン語を繰り返し発音しましょう。

1. 君が昨日僕を訪ねて来た時、僕は近くにいた。　Yo estaba en el barrio cuando me visitaste ayer.

2. 昔は3ヶ国語を話していた。　Hablaba tres lenguas hace muchos años.

3. フランコはいつも歌手になりたがっていた。　Franco quería siempre ser cantante.

4. 以前はしょっちゅうタコスを食べていた。　Antes comía tacos muy a menudo.

5. ペドロは本当にそう言っていた。　Pedro decía así, de veras.

6. 昨年までこの町に住んでいた。　Vivía en esta ciudad hasta el año pasado.

CD 2-85
DL 159

Ejercicios 5 想像力も使って、次の質問にスペイン語で答えましょう。

1. 昨晩はどこにいたの？ ¿Dónde estabas anoche?

2. その男性たちはどんな種類の歌を歌っていたの
ですか？ ¿Qué tipo de canciones cantaban los hombres?

3. 君は何を食べたかったの？ ¿Qué querías comer?

4. 君は以前、電車のおもちゃをいくつか持ってい
たよね？ Tenías unos juguetes de tren antes, ¿verdad?

5. 少女たちはどこでセレナータを聞いていたの？ ¿Dónde oían las chicas la serenata?

6. 君は何時に学校に出かけていたの？ ¿A qué hora salías para ir a la escuela?

Ejercicios 6 Ejercicios 5 の質問を参考にして、隣の人と会話しましょう。

 CD 2-86
DL 160

Cambio de humor 気分転換 ~**Trabalenguas 早口言葉**~

Me gustaba Ali Baba que hablaba con Sai Baba.
私はサイババと話しているアリババが好きだった。

3. 点過去と線過去の違い

点過去：終了した過去の点の時間
線過去：昔の習慣、過去に進行していた線的時間

 CD 2-87
DL 161

Ejercicios 7 音声を聞いて、スペイン語を繰り返し発音しましょう。

1. 私は3歳の時、この都市に来た。 Cuando tenía tres años, vine a esta ciudad.

2. 昨晩アナがテレビを見ている時に、フアンが彼
女に電話をした。 Anoche cuando Ana veía la televisión, le llamó Juan por teléfono.

3. 僕たちは子供の頃、2回メキシコに一緒に行っ
た。 Cuando éramos niños, fuimos juntos dos veces a México.

4. 僕が昨日食堂にいた時、多くの女友だちが話し
かけてきた。 Cuando estaba en el comedor ayer, muchas amigas me hablaron.

5. 教室に着いた時、9時だった。 Eran las nueve cuando llegué a la clase.

CD 2-88

DL 162
Ejercicios 8　想像力も使って、次の質問にスペイン語で答えましょう。

1. ここに着いたのは何時でしたか？　　　　　　¿Qué hora era cuando llegaste aquí?

2. 先生が入ってきた時、あなた方は何をしていま　Cuando entró la profesora, ¿qué hacían
   したか？　　　　　　　　　　　　　　　　Uds.?

3. 今日君は家にいる時に、何をしたの？　　　　¿Qué hiciste cuando estabas en casa hoy?

4. 君が子供の頃、君の両親は何の仕事をしてまし　¿Qué hacían tus padres cuando eras niño o
   たか？　　　　　　　　　　　　　　　　　niña?

5. 君が言葉を話し始めたのは何歳の時でしたか？　¿Cuántos años tenías cuando comenzaste a
   　　　　　　　　　　　　　　　　　　　　hablar tus primeras palabras?

Ejercicios 9　Ejercicios 8 の質問を参考にして、隣の人と会話しましょう。

CD 2-89

DL 163
Ejercicios 10　再帰動詞を使った過去形の練習です。想像力も使って、次の質問にスペ
　　　　　　　　イン語で答えましょう。

1. 今朝は何時に起きたの？　　　　　　　　　　¿A qué hora te levantaste esta mañana?

2. その学生たちはパーティに行くためにネクタイ　¿Se pusieron los estudiantes la corbata para
   をしめましたか？　　　　　　　　　　　　ir a la fiesta?

3. イサベルとカルロスはいつ結婚したのですか？　¿Cuándo se casaron Isabel y Carlos?

4. そのアーティストたちはもう行ってしまいまし　¿Ya se fueron los artistas?
   たか？

5. 先生が到着したのは何時でしたか？　　　　　¿Qué hora era cuando llegó la profesora?

Ejercicios 11　これまで学んだことを参考に、隣の人と自由に会話してみましょう。

71

久住　真由（くすみ　まゆ）

© Escuchar, Repetir, y ¡Ya!
聴いて，繰り返して，学びましょう！

2020 年 2 月 1 日　初版発行　定価 本体 2,400 円（税別）

著　者　　久　住　真　由
発 行 者　　近　藤　孝　夫
印 刷 所　　株式会社坂田一真堂

発 行 所　　株式
　　　　　　会社　同　学　社
〒 112-0005　東京都文京区水道 1-10-7
電話 03(3816)7011・振替 00150-7-166920

ISBN978-4-8102-0440-7　　　　　Printed in Japan

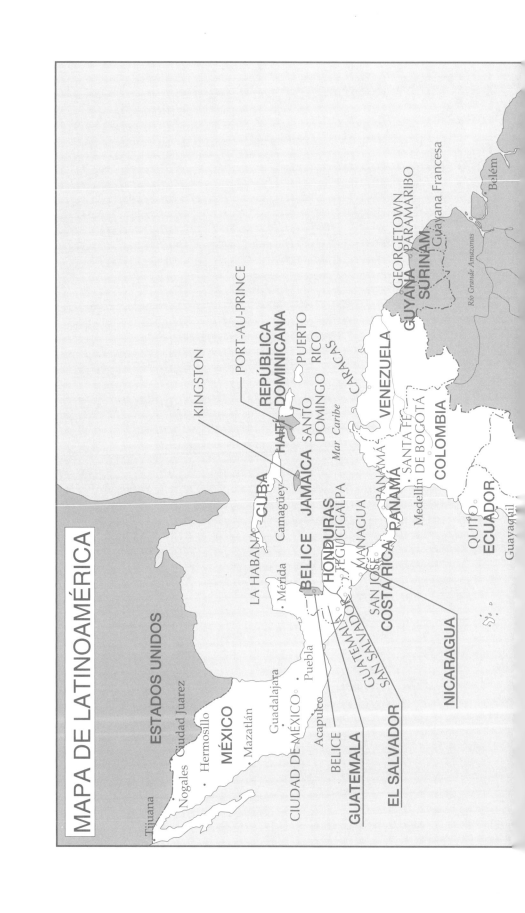

MAPA DE LATINOAMÉRICA

ESTADOS UNIDOS

Tijuana

Nogales Ciudad Juarez

Hermosillo

MÉXICO

Mazatlán

Guadalajara

CIUDAD DE MÉXICO Puebla

Acapulco

BELICE

GUATEMALA

GUATEMALA
SAN SALVADOR

EL SALVADOR

NICARAGUA

LA HABANA

Mérida

Camagüey

CUBA

BELICE

HONDURAS

TEGUCIGALPA

MANAGUA

SAN JOSÉ

COSTA RICA PANAMÁ

PANAMÁ

KINGSTON

PORT-AU-PRINCE

HAITÍ

JAMAICA

REPÚBLICA
DOMINICANA

SANTO
DOMINGO

PUERTO
RICO

CARACAS

Mar Caribe

VENEZUELA

SANTA FE

Medellín DE BOGOTÁ

COLOMBIA

QUITO

ECUADOR

Guayaquil

GEORGETOWN

GUYANA

PARAMARIBO

SURINAM

Guayana Francesa

Río Grande Amazonas

Belém